なるにはBooks

高校調べ

理数科高校

中学生のキミと
学校調べ

漆原次郎 著

全国中学校進路指導・キャリア教育連絡協議会推薦

ぺりかん社

はじめに

「楽園」ということばを聞いたことがありますよね。苦しみのない幸せな生活ができるところです。アニメーションや映画で描かれているのをよく見ます。

楽園ということばがあったり、そのイメージが描かれたりするのは、私たちがこの世界で楽園をなかなか実感できないからです。「こんなところで暮らせればいいな」というあこがれの対象だからこそ、人は楽園の物語をつくるのです。

でも、この世界に楽園がまったくないわけではありません。その人が苦しみのない幸せな生活ができていると感じられれば、そこはその人にとっての楽園です。

理科や数学などの理数系の学びが好きな人の多くにとって、「高校の理数科」という専門学科は、まさに楽園です。もちろん学校生活にはいろいろなことがあるので、苦しみもすこしはあるかもしれません。でも、幸せのほうがはるかに大きそうです。

そして、この本を手にとったあなたは、この楽園が、「どのくらい楽園であるか」を、読んで知ることになります。

この本は、理数科について、どんなところで、どんな勉強をし

て、どんな行事があって、どんな進路先があるか、そしてどんな人が向いているかを伝えるものです。できるだけ、理数科の実体験をしている人たちの声を伝えようと、3人の先生、4人の現役生徒、4人の卒業生の方々にインタビューもしました。

　多くの中学生たちは卒業すると、高校の普通科に入学します。そして2年生になると文系・理系に分かれるので、理系に向いていると思う人は理系を選びます。

　けれども、もし「理数科」という、より理系に特化した学びの場があるとなったら、そちらに興味を抱くかもしれません。いま、あまりに「理数科」という学びの場が中学生のみなさんをはじめ、社会に知られていないという問題意識もあり、この本を書くことにしました。

　ぜひ、高校の理数科という学びの場が、あなたにとって楽園かどうか、楽園としたらどのくらいかを、この本で確かめていただければと思います。

　なお、この本に書いてある情報は、取材・執筆をした2023年時点のものであることを、あらかじめお伝えしておきます。

高校調べ
理数科高校──中学生のキミと学校調べ

はじめに ……………………………………………………………………………… 3

1章 理数科ってなんだろう？

理数科ってどんなところ？ ………………………………………………… 10
「高校3年間を理数科で」という選択肢／スーパー・サイエンス・ハイスクールも

どんな学習をするの？ ……………………………………………………… 12
理科・数学の授業は普通科の1.2倍以上／「科学技術科」も要チェック！

どんな生徒が多い？ ………………………………………………………… 16
「こんな話したら」の心配はノンノン！

理数科ならではの学び ……………………………………………………… 18
理数科のハイライト！　理数探究／テーマ選びから発表まで研究を経験／
研究で使う英語の学びもしっかりと

2章 どんなことを勉強するの？

理数科高校はこんなところ！ ……………………………………………… 24

どんな一日を過ごすの？ …………………………………………………… 26
夕方まで授業、放課後に部活動など／「忙しさ」を上まわる「楽しさ」も／
授業あり・なしで異なる土曜日の過ごし方

3年間でどんな科目を学ぶの？ …………………………………………… 30
2年生が理数科「花ざかり」の学年／3年間で課題を解決する力を身につける／
「あの流れで進めればいい」と思える

どんな先生が教えてくれるの？ …………………………………………… 34
理数科高校には実力のある先生が多い／ネイティブスピーカーの先生も／
とくにSSHではゲスト講師が充実

🎤 高校の先生に聞いてみた！ インタビュー 1

千葉県立船橋高等学校　石川　卓さん ………………………… **38**

🎤 高校の先生に聞いてみた！ インタビュー 2

日本大学豊山女子高等学校　伊原佳子さん ………………… **44**

🎤 高校の先生に聞いてみた！ インタビュー 3

横浜市立横浜サイエンスフロンティア高等学校　川瀬功暉さん ………… **50**

3章 どんな行事があるの？

一年の中でおこなわれるたくさんの行事 ……………… **58**
行事があるのは「社会」を感じるため／
研究者や研究施設から「ほんもの」を感じる／
行事参加をとことんまで実のあるものに！

校外の人・施設に接する機会が多くある ……………… **62**
研究者や研究施設を五感で感じる／パスポートをもって、いざ海外へ！／
「マイテーマ」や「マイ課題」があると充実！

こんなおもしろい行事もある！ ……………………… **66**
個人で挑戦「国際科学オリンピック」／チームで挑戦「科学の甲子園」／
頂点めざせ「高校生クイズ」

🎤 高校生に聞いてみた！ インタビュー 1

千葉県立船橋高等学校　宮谷　碧さん ………………………… **70**

🎤 高校生に聞いてみた！ インタビュー 2

日本大学豊山女子高等学校　高橋利々子さん ……………… **76**

🎤 高校生に聞いてみた！ インタビュー 3

横浜市立横浜サイエンスフロンティア高等学校　山上　駿さん ………… **82**

🎤 高校生に聞いてみた！ インタビュー 4

埼玉県立大宮高等学校　滝花春乃さん ……………………… **88**

4章 卒業したらどんな進路があるの？

自分や将来について考えてみよう ……………………… **96**
「理数科に進む＝理系で決定」ではない／
「理由なく」は最強、「理由あって」も強し／
強い「好き」が理系の仕事でのカギ

興味を深掘りしてみよう …………………………………… **100**
深めていくと、得られるものザクザク／「なぜ」「なぜ」「なぜ」で深まる／
理数探究は興味の深掘りそのもの

どんな進路があるの？ ……………………………………… **104**
研究者、技術者、医療従事者などなど／研究者は未来の社会に責任をもつ／
知識・考え方・研究方法すべてが道具に

卒業生に聞いてみた！ インタビュー 1
千葉県立船橋高等学校卒業　齋藤史陽さん ……………… **108**

卒業生に聞いてみた！ インタビュー 2
日本大学豊山女子高等学校卒業　向山友里子さん ……… **114**

卒業生に聞いてみた！ インタビュー 3
横浜市立横浜サイエンスフロンティア高等学校卒業　小此木闘也さん … **120**

卒業生に聞いてみた！ インタビュー 4
埼玉県立大宮高等学校卒業　齋藤継之さん ……………… **126**

5章 理数科高校をめざす！

地域で理数科を学べる学校を探そう ……………………… **134**
全国に180校ほど、あなたの家の近くには／私立高校にも理数科あり

どんな人が向いている？ …………………………………… **136**
理科・数学が好きな人はぜひとも／研究者になりたい人も向いている／
ものづくりの分野をめざす人には選択肢が／
せまき門だけれど、それはみなおなじ

おわりに ……………………………………………………… **140**

● 本書に登場する方々の所属などは取材時のものです。

［装幀・本文デザイン・イラスト］熊アート　　［本文写真］取材先提供

1章

理数科ってなんだろう？

理数科ってどんなところ？

とくに理科や数学を学べる高校の専門学科

「高校３年間を理数科で」という選択肢（せんたくし）

理数科は、とくに理科や数学をよく学ぶことができる専門学科のことです。専門学科というのは、日本の高校でもっとも多い普通科（ふつうか）とちがって、なにかの分野を専門的に学べる学科のこと。たとえば、「○○農業」や「○○工業」「○○商業」といった学校名を高校野球などで聞いたことがあるでしょう。これらはそれぞれ農業科、工業科、商業科という専門学科の高校を指します。

理数科は、こうした農業科、工業科、商業科などと並（なら）ぶ、専門学科の一つなのです。あなたの家の近くにも高校はあると思いますが、理数科のある高校はどうでしょうか。ためしにインターネットで「理数科　○○県」などといったキーワードで検索（けんさく）してみてください。多くある都道府県も、あまりない都道府県もあります。2023年の時点で日本には180校ほどの理数科があります。

理数科のクラスのみの高校もありますが、理数科のクラ

スと普通科のクラスの両方を置いている高校が多くあります。もしあなたが高校で理数科に入ったとしたら、理数科としての3年間の高校生活を送ることになるし、普通科に入ったとしたら普通科としての3年間の高校生活を送ることになります。つまり、理数科と普通科ではクラスが異なるのです。理数科と普通科の両方ある高校の多くでは、たとえば1学年に6クラスあったら、1クラスが理数科で、5クラスは普通科といったように、理数科のクラスがすくなめ。理数科はそれだけ特徴ある科といえます。

スーパー・サイエンス・ハイスクールも

理科や数学などをたくさんよく学べる高校として「スーパー・サイエンス・ハイスクール（SSH：Super Science High-school)」があることを知っている人もいるかもしれません。SSH は、普通科だけの高校にも、理数科と普通科の両方ある高校にも、理数科だけの高校にも当てはまるものです。なかでも「理数科があり、かつ SSH である」といった学校は、とりわけ理科や数学の教育に力を入れているといってよいでしょう。

どんな 学習 を するの？

理科・数学の授業は普通科の1.2倍以上

　まずは中学校と高校での教科・科目のことについてお話ししします。

　中学校では、国語、社会、数学、理科、英語の5教科、それに音楽、美術、保健体育、技術・家庭の4教科、さらに総合的な学習の時間などがありますよね。高校にも、このような教科があって、授業がおこなわれます。ただし、高校では理科に「物理」「化学」「生物」「地学」があるように、また数学に「数学ⅠA」「数学ⅡB」「数学ⅢC」があるように、より細かく分けた科目になっています。高校生はこれらの科目をかならず、または選んで、習うことになります。

　前ページで「理数科は理科や数学をよく学べるところ」と伝えましたが、理数科にも、普通科とおなじく国語、英語、社会、それに体育や家庭といった教科はあります。これらの教科で学ぶことに、理数科と普通科でさほどちがいはありません。

　では、理数科での学びと、普通科での学びでちがうところはなんでしょう。

　大きなちがいの一つ目は、「理数科では理科や数学の授業時間数が多い」ということ。学校によって多少のちがいはありますが、理数科では、普通科の理系クラスを選んだ場合の1.2倍以上、理科や数学の授業を受けることになります。

　また、「理数科では、理科や数学の授業の中身が、普通科より専門的である」ことも多くあります。これが理数科と普通科の学びのちがいの二つ目です。普通科に入ると、１年生か２年生のときに「物理基礎」「化学基礎」「生物基礎」のように、理科の科目名のあとに「基礎」がつく科目を習います。「基礎」というのは、「土台」とか「入り口」に似た意味なので、「これから理科を習うにあたっての高校生としての入門編を学びますよ」ということを意味します。一方、理数科に入ると、「物理基礎」「化学基礎」「生物基礎」といった授業は受けません。これは、理数科の生徒たちが入学前にすでに基礎の力を身につけていることが認められているからと考えられます。

　理数科では「物理基礎」「化学基礎」「生物基礎」などの授業を受けず、かつ理科や数学の授業数は普通科より多いことになります。では、理科や数学の授業で、普通科の生徒が学ばずに、理数科の生徒が学ぶことはなにかというと、「発展的な内容」ということになります。これは、高校で学ぶべき内容をひと通り学んだうえで、大学以降で学ぶような、より高いレベルの学びをするということ。たとえば、

理科の物理で「原子」とよばれる、すべてのもののもとになる粒について学んだら、さらに宇宙はすべてこれらの原子でできているので、宇宙の始まりについても発展的な内容として学ぼうといったことです。また、数学では、中学生のみなさんも習う「関数」、つまり x の値が決まると y の値が一つに決まるという数学の分野を、グラフなどでも考えながら学ぶけれど、理数科ではさらに発展的な内容として、大学で習うような「ガウス関数」といったより専門的な関数を習うこともあります。発展的な内容としてなにを習うかについては、理科や数学の先生の考えによるところが大きいといえます。

　そして理数科の普通科との大きなちがいの三つ目として、「理数探究とよばれる、生徒がみずから研究に取り組む学びがある」ということがあります。この「理数探究」については、18ページからの「理数科ならではの学び」などで、くわしくお話しします。

　なお、理数科では「物理基礎」「化学基礎」「生物基礎」などを学ばなくてもよいといいましたが、これとはべつに「理数探究基礎」という科目があって理数科で学ぶことがあります。

「科学技術科」も要チェック！

　みなさんのなかには、高校の科についてよく調べていて、こんな疑問をもっている人もいるかもしれません。
「理数科とはべつに、科学技術科というのもあるみたいだ

けれど、どうちがうの」と。

　理数科とはべつに、学校の数はすくないけれど、科学技術科のある高校もあります。「理数」も「科学技術」もどちらも理系の分野。けっこう紛<ruby>紛<rt>まぎ</rt></ruby>らわしいですよね。

　科学技術科は、国のルールとしては、工業科のカテゴリーの一つということになっています。つまり、「理数科と科学技術科のちがい」は、「理数科と工業科のちがい」とだいたいおなじといえます。工業科は、ものづくりの現場で必要な知識や技術を学べる専門学科。多くの工業科では生徒は卒業すると就職をしますが、科学技術科については工業科ではあるけれど、理系の大学などへの進学をめざすことに力を入れているといえます。

　理数科に進むか科学技術科に進むかで迷ったら、「自然の世界の不思議を探るのが好きなら理数科へ」「人びとの役に立つものづくりをするのが好きなら科学技術科へ」といった進路の選び方があります。

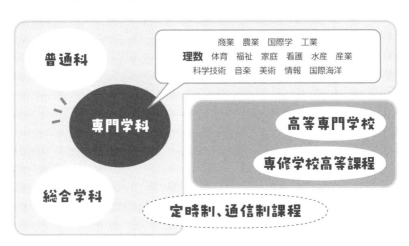

普通科

専門学科

商業　農業　国際学　工業
理数　体育　福祉　家庭　看護　水産　産業
科学技術　音楽　美術　情報　国際海洋

総合学科

高等専門学校

専修学校高等課程

定時制、通信制課程

どんな 生徒 が 多い？

左右前後の人……みな理科好き・数学好き

「こんな話したら」の心配はノンノン！

　理科や数学が好きな生徒が多いことが、理数科の特徴（とくちょう）といえます。「そんなの、理数科なんだからあたりまえでしょ」と思うかもしれません。

　でも、この「あたりまえ」がすごいのです。

　たとえば、あなたには、好きなアニメキャラや、好きなYouTuber がいるかもしれません。そんなあなたが、ある日、あなたとおなじ「推し」の人と出会えたら、たぶん会話が弾（はず）んで飽（あ）きないですよね。会うたびに「からかい上手（じょうず）って、あこがれるわー」とか、「きのうの生配信、見た？」とか盛りあがれるわけです。

　これとおなじような盛（も）りあがりを、理数科のクラスメートたちとのあいだで理系の話をめぐってできると考えたらよいと思います。相手も理科や数学が好きなのだから、「こんな理数のおたくっぽい話をしたら、どういうふうに思われるかな」といった心配はいりません。ためらうこと

なく、「聞いて聞いて。数学の問題やってたらさ、こんな解法を見つけちゃったんだ」とか「今年のノーベル化学賞、量子ドットについてだったね」とか話を切りだして盛りあがれるわけです。理科や数学が好きな人にとっては楽園にちがいありません。

　理数科のある高校の多くでは、理数科クラスは1クラスなどとかぎられているので、入学から卒業までの3年間、おなじクラスメートと過ごすことになります。担任もずっとおなじ先生かもしれません。共通の興味がある人たちでずっと過ごすので、とても濃い3年間になることでしょう。

　理数科が「沼」すぎて、逆に「マニアックな話ばかりになってだいじょうぶかしら」と心配になる人もいるかもしれませんね。そうした人は、理数科でない人がいるグループにも参加して、バランスをとったらいいでしょう。たとえば、普通科もある高校で部活動に入ったら、たぶん普通科の部員とも話すでしょうし、学校外のコミュニティーに入ったらさらにいろいろな興味をもった人と話すことができます。

理数科
ならではの学び

理科・数学がもっと好きになる学びあり

理数科のハイライト！　理数探究

　理数科ならではの学びといえるのが、「理数探究」という科目にチャレンジすることです。

「探究」というのが高校生ぐらいの年代の人たちの学びのキーワードになっています。中学生のあなたも「探究」ということばを聞いたことがあるかもしれません。探究とは、ものごとの本当のところを探って、見きわめようとすること。「探究」の「探」は「さぐること」であり、「究」は「きわめること」を指します。

　これまでの中学校や高校での授業の多くは、どちらかというと先生が教えて、生徒のあなたが習うといった一方向のものです。いまも大部分の授業ではそうなっていますよね。一方で、「探究」と名のつく授業では、生徒がみずから課題を設け、情報を集めたり人と協力したりしながらその解決に向かっていく学びを指します。中学生までの教科でいちばん近いのは、「総合的な学習の時間」かもしれま

せん。なにかの取り組むテーマをもって、みずから調べたりして、課題を解決しようとするという点でおなじだからです。

この「探究」に、理数科の「理数」がついたのが、「理数探究」です。たいてい、理数科の高校1年生と2年生のカリキュラムのなかに1学年で1週間に2時限分ほど組み込まれています。

テーマ選びから発表まで研究を経験

では、理数探究でなにをやるかというと、かんたんにいえば「理系のものごとについての研究」です。研究者という人がいるのを知っていますよね。わかっていないことを調べて、「こういうことだ！」と真理をあきらかにしようとする人が研究者です。ふつう大学4年生ごろから本格的な研究をするのだけれど、理数科では物理・化学・生物・数学、それに学校によっては地学などの分野での研究に生徒が挑むのです。生徒みずからが「これってどういうことなんだろう」と思っていることをもとに課題を設けて、観察・実験・調査を通して「こういうことだ！」に近づき、そして先生やクラスメートや、高校が手を結んでいる大学の先生などに発表をしたり、論文を書いてまとめたりします。

理数科のある高校によっては、理数探究の前の段階として、「理数探究基礎」という探究のために必要な知識や技術を身につける科目で学んでから、理数探究の科目にチャレンジすることもあります。

「探究」とつく科目は、理数科での「理数探究」のほか、普通科でかならず設けられ、理数科でも設けられることのある「総合的な探究の時間」もあります。こちらも、課題に取り組むということではその名の通り「探究」です。内容は、中学までの総合的な学習の時間に、より「探究」の色を強めたものといえます。

　では、理数探究と総合的な探究の時間のちがいはというと、理数探究のほうは、生徒が設ける課題が数学や理科にかかわるものに絞られていて、かつ、数学や科学の世界で使われている研究の手だてを使って課題を解決するということ。「探究」の前に「理数」がついているからにはそうなります。

　理数科でない高校、たとえばスーパー・サイエンス・ハイスクールなどでも、理数探究とほぼおなじ授業があったりします。もし、あなたが「高校で理科や数学にかかわる研究をしたい」とのぞんでいるのであれば、それがかなう高校をよく調べて志望校にするというのも手でしょう。理数科に進めばまちがいなくそれがかないます。ただし、理数探究での研究活動を、グループでやるか、一人でやるかは学校によって異なるので、その点もあなたにとって大事であれば、ぜひ学校に「理数探究はグループでやりますか。それとも一人ですか」と聞いてみてください。

研究で使う英語の学びもしっかりと

　理数科ではほかに、研究者になりたいという人が多いこ

とから、研究者として活躍するために大切となる英語に力を入れている理数科もあります。とくに、英語論文の書き方や英語プレゼンテーションのしかたなどが身につくような授業を設けている理数科もあります。

　ほかに、その学校が独自に科目を設けられるしくみがあり、理数科では、たとえば「数学探究」といった特色ある科目を設けている学校もあります。

　また、学校を卒業するためにとる必要のある授業のほか、課外活動の機会を多く設けている学校もあります。たとえば、希望する生徒を募って、大学や研究機関を訪れ、そこで最先端の研究者や施設にふれるといった行事が学校によってはあります。

2章

どんなことを
勉強するの？

理数科高校は
こんなところ！

Y*

数学、物理、化学、生物、地学の科目を高いレベルで学ぶことが
できる理数科高校。自分たちで疑問を見つけ、テーマを設定して
答えを探していく作業は貴重な体験。実験や実習も、盛りだくさん！

多彩な部活動
Y*

チームで協力しながら競技
会などに出場するロボット
探究部。

充実の専門施設
Y

自然科学系の実験室がたくさ
ん。大型天体望遠鏡で星雲や
星団を観測！

C

新入生向け発表会

「岩石間の打音周波数と岩
石の性質は？」 石と音楽
についての発表は大人気。

白衣は必須！

ゴーグルと白衣で実験。テーマ研究の内容は、その後、中間発表などを経てポスターを作成し、英語で発表することも。

N

Y

C*

学食メニューをチェック！

学食がある学校も。これは人気ナンバーワンのオムハヤシ！

Y

S*

研究テーマは無限

物理に化学、生物、地学。探究は終わらない。最後まで粘り強く課題に取り組んでいこう！

Y 横浜市立横浜サイエンスフロンティア高等学校
　＊編集部撮影
C 千葉県立船橋高等学校　＊漆原次郎撮影
N 日本大学豊山女子中学校・高等学校
S 埼玉県立大宮高等学校　＊漆原次郎撮影

どんな 一日 を過ごすの？

夕方まで授業、放課後に部活動など

　授業のある日について大きくいえば、朝に登校して、夕方ごろまで授業にのぞみ、放課後、部に所属している人は部活動をし、晩から翌朝にかけて家で予習・復習や受験勉強をしたり、食事や睡眠をとったりということになります。ほかに、学習塾や予備校に通ったり、習いごとをしている生徒は、たいてい放課後から帰宅までのあいだにそこに通います。アルバイトをしている生徒もおなじです。

　お昼ごはんについては、中学校ではほとんどの学校で給食がありますが、高校では給食を出している学校がすこし減ります。給食がない学校では、お弁当をもってきたり、学校によっては生徒のための食堂や売店、またランチを配達してくれる地元のお店があるので、それらを利用します。

「忙しさ」を上まわる「楽しさ」も

中学生のあなたの一日の過ごし方と、そう変わらない感じでしょうか。

ただし、理数科にかぎったことではありませんが、高校での１週間の授業の時限数が中学校より多くなります。よって、中学校ではあまりない「７時限目」が高校では学校によって週に何日かあり、16時30分ごろまで授業という日もあります。

なお、理数科と普通科の授業数については、理数科のほうがわずかに多いかもしれませんが、ほぼおなじです。

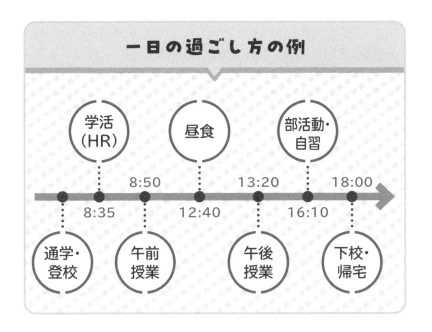

一日の過ごし方の例

学活
(HR)

昼食

部活動・
自習

8:50　　　　　　　13:20　　　　　18:00

8:35　　　　　　　12:40　　　　　16:10

通学・
登校

午前
授業

午後
授業

下校・
帰宅

授業がびっしりで大変そうな印象でしょうか。けれども、3章や4章の生徒のみなさん、卒業生のみなさんのインタビューでわかるように、理数科の生徒たちは、好きな理科や数学の授業が多く、理数探究もあるということで、むしろ学校での授業を楽しんでいるようです。

　授業だけでなく、生徒によっては部活動を二つ以上おこなっていたり、ほかの高校の生徒たちと交流をしていたりと、活動はさかん。インタビューに答える多くの人が「忙しいです」と言いながらも、やりたいと思えることをやれているので充実しているようです。

「やりたい」と思えることに多くの時間を使っている日々は、「忙しくて大変」よりも「楽しい」が上まわるものなのですね。

授業あり・なしで異なる土曜日の過ごし方

　もう一つ、土曜日の過ごし方については、高校が土曜日に授業をおこなっているかどうかにより、大きくちがってきます。私立の高校では、ほぼどこでも土曜日に授業があります。土曜日を、理数探究など理数科ならではの曜日にする工夫をこらした理数科の高校もあります。

　一方、公立の高校はたいてい土曜に授業がなく、基本的にお休みです。ただし、理数探究などに力を入れている学校では生徒が土曜や休日に登校し、生徒たちの理数探究のため学校に出勤してくれた先生から指導を受けながら研究に取り組むといったこともあります。

夏休み、冬休み、春休みの期間は、中学校のものとはほど変わりません。ただし、私立高校のほうが公立高校よりも休みの期間は短めです。

3 年 間 で
どんな科目を学ぶの？

理数を学び、探究し、よく生きる力を身につける

2年生が理数科「花ざかり」の学年

　学校により異なるところはありますが、理数科での3年間はだいたいつぎのような感じです。

　まず、1年生と2年生のとき、「理数探究」、あるいはそれに当たる科目で、課題研究に取り組むなど理数科ならではの学びをします。そして3年生では大学受験に向けてさらに理科や数学に力を入れながら学んでいきます。とくに進学校とよばれる、卒業生が難関の大学に多く入学しているような高校ではこの傾向にあります。

　普通科では1年生のとき、「物理基礎」のように教科の科目名に「基礎」がつく科目の授業を受けます。一方、理数科の生徒はそうした「物理基礎」のような科目を受けず、「理数物理」といった「理数」のつく科目を受けます。理科や数学の学びのレベルは普通科より高めと考えてよいでしょう。

　理数探究などの課題研究については、1年生のときに入

〈理数科３年間の時間割の例〉　　は理数に関する科目

1年生

現代の国語	言語文化	地理総合	理数数学Ⅰ	理数物理Ⅰ	理数化学Ⅰ	理数生物Ⅰ	理数探究Ⅰ	体育	保健	芸術Ⅰ	英語コミュニケーションⅠ	論理・表現Ⅰ	学活

2年生

近現代国語	古典文学A	歴史総合	公共	理数数学Ⅱ	理数物理Ⅱ	理数化学Ⅱ	理数地学Ⅰ	理数探究Ⅱ	体育	英語コミュニケーションⅡ	論理・表現Ⅱ	家庭基礎	学活

3年生

近現代国語研究A	古典文学研究A	理数数学Ⅲ	理数物理Ⅲまたは理数生物Ⅱ	理数化学Ⅲまたは理数地学Ⅱ	体育	英語コミュニケーションⅢ	論理・表現Ⅲ	選択・地理研究・英語研究など	総合探究	学活

　門的な体験をし、２年生のときに本格的に取り組みます。研究成果の発表が多いのも２年生のとき。そして、２年生の最後または３年生に入り、論文を書くなどして研究をまとめます。

　学校外の研究所を訪れたり、修学旅行をしたりといった課外活動への参加が多いのも２年生のとき。部活動については、１年生の早い時期に入部し、２年生の最後、または遅くとも３年生の夏ごろまでに引退となります。

３年間で課題を解決する力を身につける

　理科や数学が好きで、研究も好きという人は、その「好

き」な心のまま過ごしたら充実した3年間になることでしょう。では、充実した理数科での3年間のあいだで、あなたがいつの間にか身につけられていることといったらどんなことでしょうか。理科や数学、それにさまざまな学びの成果を使って取り組む探究を高校時代におこなった生徒は、どのように成長していくものでしょうか。

その答えとしていえるのは、「これからの人生で、ものごとを決めたり、課題を解いたりする方法の基本を身につけられる」ということです。

理科や数学をより多く、より深く学ぶことで、根拠をもってものごとを判断する力を得ることができます。理科や数学の学びでは、「なぜならば」や「ゆえに」といった、前のものと後のもののつながりを大切にします。これは、「AだからBになるはず」とか、「CだからDになるはずがない」とか、自分も納得し、人にも理解してもらえるかたちでものごとを決める力になります。

「あの流れで進めればいい」と思える

理数探究では、みずからがもつ「なぜこうなっているのか」や「これをかなえたい」といった課題を、これまで得てきた知識や、調べて得る情報などをもとに解いていき、まわりの人たちに自分のやったことを伝えます。これをひと通り経験すると、これからの人生で課題にぶつかったときも「あの流れで進めればいい」と当てはめることができるでしょう。

　根拠をもってものごとを決めたり、課題を解いたりする力は、ひと言で「人生をよりよく生きるための力」といえます。理数科を学ぶ3年間で、よく生きるための力のすべてをもてるわけではないけれど、そのしっかりした土台を得ることはできますよ。

どんな 先生 が 教えてくれるの？

優秀な先生たち！　ゲスト講師と接する機会も

理数科高校には実力のある先生が多い

　理数科で教えている先生たちは、先生たちのなかでも高い能力や実力があると期待してよいと思います。つまり、優秀（ゆうしゅう）な先生たちが多いということです。

　小学校や中学校もそうですが、高校で先生になるには、教員免許（めんきょ）とよばれる、国から出される資格をもっていなければなりません。教員免許（めんきょ）をもっている人は、たいてい大学生のときに教職課程というカリキュラムにのぞんで得ます。中学それに高校の先生たちは、理科や数学といった教科ごとに免許（めんきょ）を得ることになります。免許（めんきょ）をもっているということは、生徒たちに教えることのできるスキルを得ているというしるしになります。

　理数科で教える先生も、もちろん高校の先生だから教員免許（めんきょ）をもっています。そして、ここからが大切ですが、理数科高校や理数科のある高校に対して、学校を設置する立場の都道府県や市などの教育委員会（公立高校の場合）や、

学校法人（私立高校の場合）は、できるだけ優秀な先生に就いてもらおうと考えるものです。なぜなら、理数科はその高校の特色、つまりアピールポイントになるし、それに高いレベルの大学への進学をめざす生徒が多く大学受験対策にも力を入れる必要があるからです。それだけ理数科は、学校を管理する人たちが力を入れるし、社会からも期待されているのです。

　理数科と普通科の両方ある高校の先生たちは、理数科でも教えるし、普通科でも教える場合が多いようです。けれども、「この授業では理数科の生徒たちを教えている」と意識してくれるので、理数科の生徒たちの学力に合った教科書の進め方や教え方をしてくれます。

ミカンの皮の利用

理数探究では、1人あるいは少人数の生徒に、個別に指導をする場面が多くあります。1人の先生が30人以上の生徒に向かって話すのとは異なる場面です。理数科にはじめてやってきた先生をのぞけば、これまでもそうした個別指導をしてきた先生たちなので、生徒は「自分のために指導してくれる」といった親身さを感じられるでしょう。

ネイティブスピーカーの先生も

　高校によっては英語を母語とするネイティブスピーカーの先生からの授業を受けることがあるかもしれません。理数科の高校のなかには、「生徒たちに将来グローバルに活躍してほしい」と考え、英語の授業にも力を入れているところがあるからです。また、ネイティブスピーカーでなくても、英語の先生が英語論文の書き方や、英語プレゼンテーションの方法などを教えることもあります。

　もし、あなたが理系分野で活躍するための英語を高校のうちに習っておきたいとのぞんでいるようであれば、志望校がそうした英語の授業をしているかを調べてみるとよいかもしれません。もし、あまり力を入れていないという場合、お金はかかるけれど塾やオンラインサービスなどで学ぶことはできます。

とくにSSHではゲスト講師が充実

　授業で教えてくれる先生のほかに、授業とはべつの行事

で教えてくれるゲスト講師と接する機会が多いのも理数科の特徴といえます。ゲスト講師としてやってくるのは、大学や研究機関の研究者、企業の研究者や開発者、理系分野で活躍する有名人などなど。社会人として実際どのように研究をしているのかといった経験談を生で聞くことができます。これからの進路を考えるとき、きっと参考になるでしょう。

　とくにスーパー・サイエンス・ハイスクールでもある理数科高校は、ゲスト講師に支払うための予算を準備しているので、多くのゲスト講師が招かれてやってきます。

理科・数学好きの集まる
理数科へようこそ

編集部撮影

千葉県立船橋高等学校
理数科

石川 卓さん

理数科主任でSSH主担当。理数科の生徒と理科について話すことが大好きで、授業では雑談が多くなってしまうこともあるとか。担当科目は化学と探究。

「自立した探究者への道を拓け」

　千葉県立船橋高等学校（県立船橋）は、1920（大正9）年に創立した、100年以上の歴史をもつ高校です。理数科については、1969（昭和44）年に設置され、こちらも50年以上の歩みがあります。

　理数科は各学年に1クラス40名ずつ。例年、男子の人数が多いですが、男子と女子の人数比はその年によって異なり、男子30人に対し女子10人といった学年も。3年間、

おなじ生徒たち、おなじ担任で、理数クラスとして歩んで
いくので、仲のよい結束力あるクラスになります。

　理数科の学びのなかで、なんといっても大きいのは課題
研究に取り組むことです。県立船橋では、「自立した探究
者への道を拓け」を、2019（令和元）年から2023（令和
5）年のあいだにめざす課題として掲げ、理数科に「SS
理数探究」という科目を設けて、1年生が「SS 理数探究
I」、また2年生が「SS 理数探究 II」にのぞみます。3年
生は「総合的な探究の時間」で、課題研究のまとめとなる
研究報告書づくりに取り組んでいます。

1年生と2年生で課題研究を経験

　1年生は「SS 理数探究 I」で、2年生での課題研究を
スムーズに進めるため、あたえられたテーマに沿って一連
の探究活動を経験します。4人ほどで班を組み、テーマに
対して、「こうではないか」と仮説を立て、それを確かめ
るため実験・調査をし、得られた結果を分析し、成果をま
とめ、発表する探究の一連の過程を経験します。

　2年生になると、個人で課題研究に取り組みます。物
理・化学・生物・地学・数学の領域を意識しつつ、生徒そ
れぞれが自分にとって興味あるテーマを設けて、仮説・検
証・考察・発表を重ねていきます。

インタビュー（70ページ）に登場する宮谷碧さんの地学と物理や音楽を融合させたような研究テーマもそうですが、生徒たちが立てるテーマは独創的です。化学で学んだ結晶のかたちに興味をもち、数学の扇形の面積を求める研究に取り組んだ生徒もいました。

生徒の研究の取り組みを支える

課題研究において、私たち先生は1人で3人ほどの生徒の指導役を担当します。生徒みずからが気付きを得たり、探究を深めたりするための支えになるといった姿勢でのぞんでいます。課題研究について個人面談も多くおこないます。

ときに生徒が進めてきた研究が行きづまってしまうこともありますが、そうしたときはできるだけ進めてきたテーマを活かしながら、すこし方向を変える道筋や新しい視点を生徒とともに考えることもします。

高大連携といって、私たち県立船橋と、おなじ千葉県にある県立理数科設置校、そして千葉大学が手を組んで、生徒の興味・関心や学習意欲を高めるための取り組みもしています。生徒は課題研究に取り組むなかで、大学の先生から直接アドバイスを受ける機会もあります。希望者が多いときは選抜になりますが、千葉大学で自分の研究成果をポスターで発表する生徒も多くいます。やる気にあふれる生

徒ばかりです。

英語の学びでも科学技術を意識

　課題研究のほかには、数学や理科の授業時間数が普通科に比べて多く、1年生のときから理数科目をしっかり学びます。

　とくに理科は、普通科とは学ぶ順番も異なります。普通科では1年生で生物と地学、2年生で物理と化学を学びますが、理数科の生徒は物理と化学の授業を1年生から受けます。生物ももちろん学びますし、高校で学ぶ機会そのものが減ってしまった地学も2年生で必修です。

　英語では、科学技術系の英語を活用することへの意識も高めます。科学英語では「xの3乗」は"x cubed"、「三角フラスコ」は"Erlenmeyer flask"といったような独特

アジア最大級のIT技術とエレクトロニクスの国際展示会 CEATEC（シーテック）に参加

の表現があります。こうした英語の活用ができるように学んでいます。

　県立船橋は、生徒たち一人ひとりの学力向上をめざす進学指導重点校でもあり、とくに3年生の夏以降は大学受験に向けての学びが本格化します。部活動もこのころまでに引退となり、生徒たちは「受験生」になっていきます。

学校外の人や施設にふれられる機会も

編集部撮影

　県立船橋は、理数科のある高校であるとともに、2009（平成21）年からスーパー・サイエンス・ハイスクール（SSH）の指定校でもあります。そうしたことから、授業以外のプログラムも充実させています。たとえば、企業での技術分野のトップの人に「エンジニアになろう」といったテーマで講演してもらう講演会の実施や、JAXAの筑波宇宙センター見学ツアーなど、体験によって興味や関心を高める取り組みもおこなっています。

　ほかに、年度によって内容は異なりますが、大学の研究者を招いたり大学の施設を訪ねたりして、大学の先生から直接「無機蛍光体の合成」「植物工場見学」「空の探究」などの講義を受ける機会を設けています。また、幕張メッセでおこなわれる情報技術や電子工学の国際展示会への参加や、県内の理数科が一堂に会する「千葉県高等学校課題研

究発表会」への参加など、学校を飛び出して活動しています。

理科・数学が好きな人が輝けるところ

　読者のみなさんは、高校の理数科に興味をもつとともに、ひょっとしたら「なんで理数科ってあるのだろう」と考えているかもしれませんね。先生の立場から、理数科の生徒たちの日々の活動を見ていると、「みんな、心から理科や数学が好きで、もっともっと学びたいんだな」と、とても強く感じます。私たちの支えを受けたり、仲間どうし刺激しあったりしながら、自分の好きな研究を思いっきり楽しんで、より興味を高めています。

　理数分野が好きだという人が思いきり輝ける場こそが、理数科なのだと思います。理科や数学が好きな人、研究に興味のある人は、ぜひ理数科へ！　いっしょに探究しましょう！　入学をめざしてがんばってください。

生物の先生による酸化還元反応の
観察・実験の授業
編集部撮影

女性の活躍をより普通のものにする理数科の学び

編集部撮影（以下同）

日本大学豊山女子高等学校

伊原佳子さん
（いはらよしこ）

日本大学豊山女子高等学校に2011年に着任。理数科の「理数Ｓクラス」の担当を務めることが多い。教科・科目は理科の生物を担当している。

「活躍できる女性を」と理数科がスタート

　日本大学豊山女子高等学校（日大豊山女子）に理数科が設けられたのは1971（昭和46）年です。当時は、理系分野で活躍する女性がとてもすくなく、女性が活躍できる道がいまより開けていない時代でした。そこで私たちの高校は、都内ではじめてとなる理数科を設置したのです。

　なにを経験するにしても、自分より先輩がいると、その分野に進みやすいものですよね。かつて女性が理系で活躍

する分野といえば看護学や栄養学などでした。一方で、理工系などほかの理系分野には先輩となる女性は多くいませんでした。そこで、理工系のさまざまな分野でも活躍できる女性を育てたいと理数科を設けたのです。その当時、学校を運営していた先生方の志を受け継いで、私たちは理系分野で活躍できる女子生徒を輩出したいという思いで授業などをおこなっています。

土曜日は「学術英語」と「理数探究」満喫の日

日大豊山女子には中学と高校があり、中学校から高校に進学する生徒もいれば、他校の中学校から高校に入学する生徒もいます。理数科には推薦または一般試験を経て入学することができ、付属の中学からと他校の中学からの合格の条件はおなじです。募集は１クラス40名ですが、年によって付属中学卒業の生徒と他校中学卒業の生徒の比率はすこし変わります。「理数Ｓクラス」とよんでいる理数科のほか、普通科には「Ａ特進クラス」と「Ｎ進学クラス」があります。

月曜日から土曜日まで授業がありますが、理数科の学びの特色がもっともあるのが土曜日課です。普通科では通常の授業であるなか、理数科の生徒はまず１時限目に「学術英語」を受けます。英語のネイティブスピーカーの先生が教える、研究活動のプレゼンテーションなどで使う英語表

現や英語の研究論文の読み方を学ぶ授業です。2年生の3学期以降、自分たちの研究内容を英語で論文にまとめたり、発表したりします。

その後、2時限目と3時限目に「理数探究」の授業があり、生徒は自分たちで研究テーマを設定して実験など探究活動に取り組んでいます。4時限目はホームルームです。

研究にかけられる「予算」の考えも身につく

「理数探究」で生徒は、物理・化学・生物・数学の四つの分野を軸に、日頃疑問に思っていることなどをもとに研究テーマを考え、3、4人のグループで研究に取り組みます。多くの生徒が、日々の生活のなかにある身近な疑問をもとにテーマを定めています。例をあげると、「誤飲しても体に害のない接着剤の作成」や「建物の耐久性について」、また「ミカンの皮の有効活用」といったものです。研究活動の途中で、大学などの先生に助言をいただくこともあります。

ときには「こういうことではないか」と立てた仮説がその通りでなく、思い通りに進まないこともあります。けれどもそういう経験も含め、研究の過程を身をもって経験するということが生徒にとって大事だと考えています。研究のための「実験予算」も定めていて、たとえば高校1年生が2、3学期で取り組む研究費はおよそ3000円。生徒たち

は予算内で材料などを工夫して実験の計画を立てています。

　理数探究を担当する教員は、生徒に指導するのではなく、ともに考え、アドバイスをしながら、生徒が主体的に研究できるようにサポートしています。

発表で生徒一人ひとりはおたがいを高めあう

　研究の中間段階と最終段階で、研究発表をします。校内で後輩やほかのコースの生徒や先生、さらに日本大学の教授に聞いてもらう発表会のほか、校外に出てコラボレーションをしている理数コースのある高校との交流や千葉大学で開催される高校生理科研究発表会などで他校の生徒や先生方に聞いてもらう機会もあります。

　校内の発表では、生徒どうしで「もっとこうしたらよい」といった指摘をしたり、「ここがよかったよ」と、よい点をしっかり伝えています。一度、発表会を経験すると、よい点と改善すべき点を自分たちで見つけられます。この経験を活かして後輩の発表練習につきあい、たくさんアドバイスできるようになります。学年を超えたつながりも強まり、彼女たちのいいなと思うところです。

　また校外での発表では、同年代の他校の生徒たちが堂々と発表している姿を見て、「自分もああなりたい!」と刺激を受けている生徒も多くいます。

大学４年生になると、理学や工学や医療学などの専門分野では本格的に研究をすることになります。高校生で研究活動を体験しておけば、探究のプロセスを円滑に進められるようになると思います。

化学式を伝えるときも「研究のアレだよ」

　理数探究以外の授業でも、理数科の生徒たちが受ける理科や数学の授業は普通科理系の生徒より多くなります。理数科では１、２年生で、物理・化学・生物をすべて履修します。普通科理系では２年生で理科１科目を選択するため、この点が大きく異なるところです。数学の授業も多く、応用問題で数学的思考力を身につけ、身近で利用されている数学のしくみを学んでいます。

　教科担当者たちは生徒が取り組んでいる理数探究を意識した教え方を心がけています。たとえば、理数探究で「石鹼」をテーマに研究している生徒たちがいたら、化学の授業で関係する化学式を教えるとき、「研究で取り組んでいるあの現象は、この反応式で表せるのですよ」などと伝えます。そうして習うことは理数探究でプラスになるだろうし、自分たちの研究内容と関連づけることで生徒の印象に残りやすく、興味をもって学んでくれると思います。

　理数科の卒業生は、医学・薬学・看護・獣医などの医療

系、それに工学系や理学系のはか、農学系に進む卒業生も
います。また、日本大学だけではなく、他大学に入学する
生徒もたくさんいます。

女性・男性のちがいなくだれもが活躍できる時代

　ほぼ男性しか活躍していなかったような理系の分野で、
女性の考え方や見方を取り入れることに注目され、多くの
女性が活躍できる時代になってきています。たとえば建築
の分野などでは、かつては男性が活躍していました。けれ
ども、女性目線で建てものをデザインすることが重視され
るようになり、女性の建築士や研究者も増えてきています。
　すこし前は、男性が多く活躍する分野で、少人数の女性
は「リケジョ」などとよばれ、注目されてきました。けれ
ども時代は変わり、性別などに関係なく志のある人はどん
な分野でも、だれでも活躍できるようになってきています。
　あなたがもし理系分野に興味があり、「理系分野に進む
ことが自分は合っているのではないか」と感じていたら、
ぜひ理数科に進み、ものごとを探究することにチャレンジ
してもらいたいと思います。ときに失敗することがあるか
もしれませんが、経験の先に道は開けていると私は信じて
います。学校の先生たちは、新しい自分の可能性を広げる
みなさんの挑戦をサポートします。

「思いっきり学びたい」を 教育・環境・人で応える

編集部撮影

横浜市立横浜サイエンスフロンティア高等学校

川瀬功暉さん

横浜市立横浜総合高等学校で先生を務め
たあと、横浜サイエンスフロンティア高
等学校へ。担当科目は化学。自身も同校
卒業生で理数科の楽しさを強く実感。

全校理数科。コアSSHでもある

　横浜サイエンスフロンティア高等学校は、2009（平成
21）年に開校した、新しい学校です。高校生のクラスは
すべて理数科です。附属中学校もあり、そこから高校に進
学する生徒と、他校から入学する生徒がいます。高校生と
してクラスメートになれば、どの中学校出身かで分かれる
といった生徒のようすはまったくありません。
　2010（平成22）年から、スーパー・サイエンス・ハイ

スクール（SSH）の指定校となりました。さらに2012（平成24）年から、SSHのなかでも「コアSSH」とよばれる特別な学校に指定され、その枠のひとつである、「科学技術人材育成」に力を入れる高校となりました。生徒たちを世界で幅広く活躍する人に育てていこうとしています。

また、横浜サイエンスフロンティア高等学校は、スーパーグローバルハイスクール（SGH）ネットワーク参加校でもあります。持続可能なグローバル人材を育てることにも力を入れているのです。学校名にある「サイエンス」に、理科などの自然科学という意味よりも、むしろ「学問」の意味を込めています。

世界で活躍する人に！　サイエンスリテラシー

学校に通っている生徒たちは、みんな理科好きや数学好きです。その点で、おそらく普通科の生徒たちのクラスや学校と大きくちがうと思います。

理数科の「理数探究」にあたる授業を、この高校では「サイエンスリテラシー」とよんでいて、1年生と2年生は必履修、3年生は自由選択となっています。世界で活躍できる人に育てるという考えのもと、生徒たちに課題発見力、課題探究力、課題解決力、情報収集力、ディスカッション力、プレゼンテーション力の六つの力を身につけても

らおうとしています。それに向けた「サイエンスリテラシー」の授業です。

1年生の「サイエンスリテラシーⅠ」では、2年生で本格的におこなう研究に向けて、その基礎となる知識や技術を身につけたり、グループディスカッションやプレゼンテーションの経験を通じて自分の考えを他者と共有するスキルを得たりしていきます。

2年生の「サイエンスリテラシーⅡ」で、生徒は生命科学、ナノテク材料・化学、物性科学、情報通信・数理、地学、グローバルスタディーズの6分野24コースのいずれかに所属し、個人で研究テーマを設け、1年にわたり研究をおこないます。

3年生は自由選択となりますが、2年生でおこなった研究をさらに深めます。

自分が取り組む研究を海外で英語で発表

ほとんどの高校には修学旅行の行事がありますが、横浜サイエンスフロンティア高等学校ではそれに当たる行事を「研修旅行」とよび、研修、つまり知識や技術をみがいて身につけることをメインの目的にしています。「サイエンスリテラシーⅡ」で研究に取り組んでいる生徒たちが、当校の連携校であるマレーシアの Kolej Yayasan Saad（サ

アド財団大学）を訪れ、自身の研究についての発表を、みなが英語でおこないます。各分野での優秀生徒はプトラ大学でも発表をします。首都クアラルンプールの企業見学や、マレーシアの大学生たちとのフィールドワークもあります。新型コロナウイルス感染症（COVID-19）が流行していた時期は、マレーシアに行くかわりに沖縄県を訪れ、沖縄科学技術大学院大学（OIST）という大学院大学でやはり英語で発表をしました。

　高校生が英語でプレゼンテーションをすると聞くと、「どうやって英語を習っているのだろう。自分にもできるだろうか」と思うかもしれませんね。横浜サイエンスフロンティア高等学校の英語の授業は、「OCPD（Oral Communication for Presentation and Debate）」というプレゼンテーションやディベートの力を養う内容や、「英語コミュニケーション」という、英語の文書を読み解いたり、論理的に考えたりすることを重視した内容となっています。

研究者、大学、企業……みなが学校を応援

　ふだん授業のない土曜日には、「サタデーサイエンス」として、科学の最先端で活躍している一流の研究者を招いて講演を聞きます。横浜サイエンスフロンティア高等学校の常任スーパーアドバイザーである生物学者の浅島誠先生

や、スーパーアドバイザーである化学者の藤嶋昭先生らに、研究者としての道のりを聞いたり、研究テーマ設定のアドバイスを受けたりします。この学校の創立には、生物物理学者の和田昭允先生が深くたずさわられ、その和田先生のつながりで多くの研究者の方々に応援をいただいています。

　また、横浜国立大学や横浜市立大学をはじめとする多くの大学や、AGCをはじめとする多くの企業にも支えられています。希望する生徒たちは、大学や企業から来てくださった特別講師のワークショップを受けたり、工場の見学体験をしたりもします。

体育祭・文化祭の主役は生徒たち

　高校によっては、先生たちが生徒に、つねに「こうやるように」と指導するところもあります。一方、横浜サイエンスフロンティア高等学校では、先生の役割はどちらかというと生徒を支えることにあります。生徒たちが自主的に、自分のやりたことを実現しようとするので、それがうまくいくよう見守り、ときに助言するといった感じです。

　たとえば、体育祭や文化祭、またスポーツ大会などでは生徒会のメンバーを中心に生徒たちが企画から運営までをおこないます。その期間中、先生たちがなにか指示をするといったことは、ほぼありません。

　部活動についても、多くの生徒が熱心に取り組んでいます。自然科学部、情報工学部、数学・物理部、天文部、理科調査研究部、航空宇宙工学部、写真研究部、ロボット探究部といった、理数の分野とかかわりの深い部が多くあります。部員がもっとも多いのは天文部で、校内にある天体観測ドームに置かれた天体望遠鏡を使って、保護者の了承を得て夜まで残って星などを観測している生徒がいます。「蒼煌会」という同窓会も充実していて、同窓生が「サイエンスリテラシー I」に講師として参加するなど、学年や現役生・卒業生のちがいを超えたつながりがあります。

理科好き・数学好きの人は、ぜひ！

　理科や数学が好きという人には、ぜひ横浜サイエンスフロンティア高等学校に来てほしいです。生徒のみんなが理科好き、数学好きなので、きっと楽しめると思います。

　また、国際交流にも力を入れているので、「チャレンジしたい」という人もこの学校が向いていると思います。

　一方で、大学に進学することだけを考えている人は、「サイエンスリテラシー」での研究などの活動に自分が向いているかなどを考えて志望校選びをするとよいと思います。勉強の点でも研究の点でも、ともに充実した日々を送れるのが、この学校のよいところです。

3章

どんな行事が
あるの？

一年の中でおこなわれる たくさんの 行事

高校や理数科に「行事」がある意味を考えてみる

行事があるのは「社会」を感じるため

高校の理数科では、理科、数学、ほかの教科、また理数探究といった授業のほか、さまざまな行事にのぞむことになります。

中学校でも、体育祭、文化祭、修学旅行などの行事がありますよね。高校では理数科でも普通科でも行事の数や種類は、より多く、より広くなります。これは、社会人に近づく高校生たちに、より社会を感じる機会をもってほしいという学校側の願いからくるものといえます。

社会人とは、学校や家庭などの保護から自立して、社会で生活する人のこと。学校を卒業して仕事に就くなどすると社会人となります。高校生はまだ学校に通う生徒なので社会人ではありませんが、自分が将来どんな世界で仕事をしているか、つまりどんな社会人になるかを具体的に考えだす時期です。

そんな高校生の時期に、多くの行事にのぞむことは、あ

なたが社会というものを意識したり、社会人になったときの役割などを模擬体験したりできるので、とても大切な経験になります。

研究者や研究施設から「ほんもの」を感じる

では、どんな行事が高校の理数科にあるのでしょうか。いくつか例を見ていきましょう。

まず、理数科か普通科かにかかわらず、どの高校でもおこなわれる行事があります。文化祭・学園祭、体育祭、球技大会・スポーツ大会、合唱コンクールなどです。これらの行事はクラス単位で、出しものを考えたり、競ったりすることが多い。とくに理数科が１クラスや２クラスなどか

年間行事の例

4月	**5**月	**6**月	**7**月	**8**月	**9**月
・入学式・始業式 ・**校外研修** ・健康診断 ・生徒総会	・中間試験 ・**外部講師講演会**	・体育祭 ・**研究施設見学**	・期末試験 ・終業式 ・夏休み	・夏休み ・**夏期講習**	・始業式 ・**理数探究中間発表（1年生・2年生）**

10月	**11**月	**12**月	**1**月	**2**月	**3**月
・中間試験 ・文化祭	・期末試験 ・**修学旅行／研修旅行（2年生）**	・終業式	・**理数探究発表（1年生・2年生）**	・学年末試験（1年生・2年生）	・卒業式 ・修了式

太字は理数科に関係が深いもの

ぎられている学校では理数科のクラス替えがあまりなく、１年生、２年生、３年生と過ごしているうちにクラスの結束力が上がっていくことでしょう。これらの行事を通じて、「実は歌がめっちゃうまいＡさん」「いざというときは、すごくがんばるＢくん」といったように、クラスメートの個性や魅力などをあらためて感じることができます。また、成績がよくても悪くても、目標に向けてみんなで取り組んだという経験そのものが、これからのあなたに役立つものになります。

　理数科だからこその行事もあります。理数科は、理科や数学が好きな高校生に対し、高校生のうちから理数についてより進んだ教育をおこなうところ。そして将来、大学で理系の分野に進学したり、研究者や技術者といった理系の職業で活躍したりする人を育てるところ。こうした目的に合うような行事が多くあります。

　たとえば、いま実際に大学や企業で研究・開発をしている人たちから、どんな研究をどのようにしているのかといった話を聞くような行事は多くあります。また、62ページ以降でくわしく紹介しますが、大学や研究機関、また企業の研究室を訪れて、研究者たちが使っている設備などにふれる行事もあります。これらは、教科書や参考書に書かれていない、またパンフレットや YouTube では感じられない「ほんもの」にふれられるチャンスです。

行事参加をとことんまで実のあるものに！

　どうせ行事にのぞむのであれば、その行事への参加を思う存分に実のあるものにしてみませんか。つまり、行事を思う存分に味わう！

　そのためにはこんなやり方があります。

　講演などでお話を聞く研究者のことをくわしく調べましょう。つまり予習です。これまでどんな研究成果を上げてきたのか、その研究分野のことを知ったり、その研究者の年表をつくったりします。難しいかもしれないけれど、論文を読めたら概要(がいよう)だけでも読んでおくとよいでしょう。著書が出ていたら読んでおいて興味深かったことや疑問を抱(いだ)いたところについて線を引いたり書きとめたりするのも手です。

　そして本番では、ぜひ質問をしましょう。「こんな質問してもいいのだろうか」という心配はまったく要りません。なぜなら、講演をしている研究者にとっては、質問があがらないことのほうが寂(さび)しいし、どんな質問でも「いまの高校生世代はこういうことを疑問に思うのか」と得られるものがあるからです。もし許されているならスマートフォンなどで録音をしておき、あとで講演や質疑応答をじっくり聴(き)きなおすのも、行事参加を実のあるものにさせます。

校外の人・施設に接する機会が多くある

研究者や研究施設を五感で感じる

　高校、とくに理数科では、学校の外へ出てのぞむ行事が多くあります。中学生のときの校外行事といえば、遠足、社会見学、芸術鑑賞会、修学旅行、それに部活動での大会といったところでしょうか。一方、高校、とくに理数科では、これらのほかおもに高校が企画するものだけでも、大学・研究機関の研究室見学、連携校との交流会、研修旅行、フィールドワークなど、さらに多くの行事があります。

　これらに共通するのは、学校のなかでは経験できないことを経験しにいくということ。行事によっては、大学や研究機関、また企業の研究者に学校に来てもらい、講演を聞くといったかたちのものもあります。これはこれで、ふだん話を聞く先生たちとはちがう職業や知識のもち主から話を聞けるので貴重な経験といえます。一方で、校外に出て行事に参加することは、研究者が日頃活動している「現場」を感じられるので、より貴重な経験になります。将来

あなたの仕事場になるかもしれない研究室には、どんな感じの人がいて、どんな設備があり、どんな雰囲気かを肌で感じるチャンスとなります。迎えてくれる研究者やつきそいの先生に聞いて許可がおりれば、研究室や研究施設を写真や動画で撮っておきましょう。行事が終わってからも見返せるようにすると、この目で見たことをふり返ることができます。

パスポートをもって、いざ海外へ！

　学校によっては、海外を訪れて目的のことをする校外行事もあります。海外での修学旅行や研修などです。

その高校が海外の高校や大学などと「おたがいに助けあって交流しましょう」と手を結んでいることがあります。とくに理数科のある高校やスーパー・サイエンス・ハイスクールにはそうした学校どうしの提携（ていけい）はよくあります。生徒たちはその学校を訪れて、そこで理数探究などでの研究成果を発表したり、現地の学生と交流したりすることになります。もちろんコミュニケーションの手段は英語。海外まで行って、しかも英語を使ってとなると、すごく大変に感じるでしょう。けれども、「そうしなければならない」となったら人はがんばるもの。行事が終わったころには、経験値がとても高まっていることでしょう。

　全員参加を基本とする海外行事のほか、希望者や選抜者（せんばつ）でのぞむ海外行事もあります。海外留学や学校間交流などです。参加しようかどうしようかと迷っているなら、ぜひ手をあげるとよいでしょう。どんな結果になっても、高校生ぐらいのときの、経験が自分の糧（かて）になりますからね。

「マイテーマ」や「マイ課題」があると充実（じゅうじつ）！

　自分のなかで「テーマ」や「課題」をもってのぞむと、その行事に参加する積極性がより高まるし、あとで「参加してよかった」と思えるものになります。たとえば、「研究者にとってうれしいときと苦しいときはどんなときだろうか」とか、「どういう役割の人がいて、研究チームが成り立っているのだろうか」とか、「研究に使う高そうな設備をどう購入しているのだろうか」とか、その行事に関係

する興味　関心ごとであれば、どんなものでもオーケーです。そして、それを探りながら行事にのぞみ、研究者への質問タイムに聞いてみるとよいでしょう。

　校外行事で見たもの、聞いたものはなんでも覚えておこうという姿勢もすばらしいけれど、テーマや課題を絞りこんでその答えを得るためにのぞむというのも思い出に残りやすいし、研究活動にも似ているし、よいかもしれません。「マイブーム」ならぬ「マイテーマ」「マイ課題」をもつことのススメです。

こんなおもしろい 行事 もある！

あなたの理数の実力を腕だめし

個人で挑戦「国際科学オリンピック」

　理数科のある高校そのものが開くのではありませんが、理数科の生徒が参加し、おおいに力を出せたり楽しんだりできる行事があります。「科学オリンピック」や「科学の甲子園」といった競技大会です。理科、数学、情報などの分野の知識や技術を競いあいます。

　「科学オリンピック」は、国際大会を含む科学技術の知識・技能を競う複数の大会のこと。日本では中学生と高校生が出場者の年代にあたり、高校生が参加するほうが多いようです。一つの大会になっているわけではなく、数学、化学、生物学、物理、情報、地学、地理などの大会があります。国際大会に出るための予選として、それぞれの分野に国内大会があります。数学であれば「日本数学オリンピック」、化学であれば「化学グランプリ」、物理であれば「全国物理コンテスト」といったように。

　科学オリンピックはいずれも個人戦です。参加者は、ま

ず国内大会で、高校レベルの知識や応用力を試す問題を解く一次選考に参加し、成績のよかった人が二次選考に進めます。二次選考で代表候補に選ばれた人は泊まりがけの合宿をし、国際大会の準備問題に取り組みます。そのなかから日本代表になった人が、国際大会に出場します。

　国際大会では成績のよかった上位1割に金メダル、つぎの2割に銀メダル、つぎの3割に銅メダルが贈られます。

　個人戦とはいっても、参加した生徒が活躍すれば、本人にとっても学校にとってもとても栄誉あること。学校の先生がサポートしてくれるにちがいありません。

チームで挑戦「科学の甲子園」

「科学の甲子園」は、国内の大会です。参加できる人は高校の１年生と２年生。こちらはチームでの参加となります。

　一つの大会のなかで理科、数学、情報の分野の競技に挑みます。ただし、競技は二つに分かれています。

　一つが知識の活用を問う問題が出される「筆記競技」で、６人でチームを組みます。もう一つが、ものづくりの能力やコミュニケーション能力などを用いて課題解決能力を競う「実技競技」で、３、４人でチームを組みます。

「科学の甲子園」にも予選にあたるものがあります。「都道府県選考」というもので、これにより各都道府県の代表校が定まります。そして、全国大会に出場し、優勝チームに文部科学大臣賞が贈られるほか、成績上位チームが表彰されます。そして、優勝チームはアメリカで開催される、アメリカの国内大会「サイエンスオリンピアド」に出場します。

頂点めざせ「高校生クイズ」

　ほかに、テレビ番組で有名な「全国高等学校クイズ選手権」への参加も、おなじ年代の人たちと知識を競えるし、理系の問題もけっこう出るので、理数科の生徒も活躍することができます。

　こうした競技大会への参加は、自分の実力がどのくらい

かを、競技を通して知ることができるもの。もちろん模擬試験などでも自分の能力を確かめられるけれど、競いあう相手や仲間と真剣勝負に挑めることは、特別の経験になるはずです。

石と音楽への「愛」を、研究に注ぐ

編集部撮影

千葉県立船橋高等学校
理数科　3年生

宮谷 碧さん

自分の好きなことができると考えて千葉県立船橋高等学校の理数科を志望。学んでいると、好きなことがもっと好きになっていく！

入りたい部活動と好きな教科から志望校決定！

　小さなころから好きでありつづけることを、自分の研究のテーマにすれば、とても楽しみながら研究することができると思います。私の好きな「石」と「音楽」を合わせた研究はまさにそれです。

　私は、中学のころ「高校に入ったらオーケストラ部に入ろう」と考えていました。住んでいる千葉県内にオーケストラ部のある高校はかぎられています。そのなかで、理科

の実験などが好きだったことから、たくさん実験ができる
と知って、千葉県立船橋高等学校（県立船橋）の理数科を
第一志望としました。受験勉強では、歴史が苦手だったの
で一問一答の問題を毎晩やった覚えがありますね。

　受けたあと、「落ちたな……」と思っていましたが、母
と合格発表に行くと、私が番号を確かめる前に、「あった
ー！」と母の声が。母に先を越されてしまったけれど、合
格を知ってうれしかったです。親類や、県立船橋のオーケ
ストラ部に所属する中学時代からの先輩から LINE や電話
をいただき、「入学できるんだ」と実感しました。

「うまくいかない実験もあるんだ」と学ぶ

　理数科の学びで興味があるのはなんといっても、研究に
取り組む「SS 理数探究」です。1 年生のときは、2 年生
でおこなう課題研究のミニ版をします。私の好きなものの
ひとつが音楽なので、金属どうしが等しい振動となって共
鳴したとき、音の波の 1 秒ごとのくり返し数である周波数
がどうなるかを班で調べようとしました。スピーカーから
大きな音を出して、近くに置いてある塩粒が動いたり落ちた
りするか見ることで、これを調べようとしました。ものすご
い大きな音を出さなければなりませんでしたが、私はオー
ケストラ部で大音量に慣れているので耐性を活かせました。

1年生の研究で学んだのは、「実験はうまくいくときも、うまくいかないときもあるんだ」ということです。それまで授業でやってきた実験は、うまくいくという前提がありました。けれども、自分たちでこうすればうまくいくのではと考えても、そうならないことはあるものです。

研究していると石のことがかわいくて

編集部撮影

　2年生になると「SS理数探究Ⅱ」で本格的な研究に取り組みます。物理、化学、生物、地学、数学の分野のうち、地学を選んで、「岩石間の打音周波数に及ぼす岩石種の影響」というテーマで研究することにしました。もともと、「石琴」をつくりたかったのです。けれども、ただつくってもおもしろくありません。私は、岩石どうしを打ち鳴らしたときの音が岩石の種類によって異なることに興味をもち、何の要素によって打音の振動数が変わるかがわかれば、種類のちがう岩石で、「すべての鍵板がおなじ大きさ」の石琴ができると考えたのです。

　石も小さなころから好きでしたね。宝石のような透明できれいな石が好きでした。そうしたこともあり、好きな「石」と「音楽」の両方を対象にできる研究テーマにしたのです。

　研究で扱う石は宝石のようなものでなく、身近なところ

て見つけられるいくつかの種類の石です。研究で向きあえ
ば向きあうほど、そうした石たちが子どものようにかわい
くなってきました。先日、見つけた岩石三姉弟に、玄武岩
の芽唯ちゃん、砂岩の砂月くん、閃緑岩の邑瑠くんと名づ
けました。ああ、みんなかわいい……。

石琴づくりの日々はこれからも続く

漆原次郎
撮影

　はじめ、岩石をハンマーで叩いて、音の質や大きさを調
べようとしました。ところが、叩く位置などにより結果が
ちがってしまいます。そこで、石をおなじ形・大きさにし
て、条件をそろえることにしました。地学室にある岩石カ
ッターで大きく削ってから、細かく形・大きさを整えていき
ます。毎日お昼に地学室に通っても準備で1種類につき3
カ月かかりました。けれども努力の甲斐あって、10回叩い
たら10回ともおなじ音のデータがとれるようになりました。

　実験でわかってきたのは、粒がよくそろっている種類の
岩石では、音の大きさにかかわる音波の振幅のピークが集
中し、逆に粒がそろっていない種類の岩石では、振幅のピ
ークが幅広くなるといったことです。石英の含有量が多い
ほど打音周波数が高くなることもわかってきました。

　発表も好きですね。クラス発表会、保護者の方々を前に
したスーパー・サイエンス・ハイスクール発表会、さらに

「千葉県高等学校課題研究発表会」や千葉大学での「高校生理科研究発表会」、また「スーパーサイエンスハイスクール生徒研究発表会」で発表を重ねていきました。その結果、複数の賞をいただけました。自分の研究が認めてもらえた結果なので、うれしく思っています。

「SS理数探究Ⅱ」での研究は2年生までで、3年生では論文にまとめ、外部に発表する取り組みが主になります。でも私はぜひ石琴（せっきん）をつくりたいので、いまも地学室に行って石削り（いしけずり）をしています。

3年間おなじクラスメートで仲よしに

部活動については、オーケストラ部でファーストバイオリンを担当しているほか、母がお茶や着物が好きで、私も日本文化が好きなため茶道部に入っています。それに合唱部のサポートメンバーとしても活動しています。県立船橋の生徒の部活加入率は120％ほどだそうですから、兼部している生徒はめずらしくありません。

理数科は学年1クラスなので、クラスメートはずっとおなじ。すごく元気で、元気すぎると感じるときもありました。でも2年生、3年生と進むと、その人とのかかわり方や、おもしろみがわかってくるので、それで仲が深まっていきました。地震（じしん）マニアのクラスメートもいたり、理系で

ない人が聞くとうわっと思われそうな会話が飛びかったりします。それも理数科だからこそだと思います。

「やってみる」ことのススメ

　これからの進路については、父が化学系の研究者としてはたらいていることへのあこがれがあり、私も化学系の研究職に就けたらと思います。でも、石のことがすごく好きになったので、地学の分野へ進み、研究者になるといった道も考えるようになってきました。いまは迷っています。

　みなさんには、「やってみる」ことをおすすめします。理数科に進んでも進まなくても、好きなことがあれば部活動でも研究でもやってみるといいと思います。「楽しい」と思えることがあるはずですから、それを逃さなければ、自分がやっていることがもっと好きになっていくはずです。

岩石カッターで形を整えた石といっしょに

漆原次郎撮影

理数科に入ってから
理科が好きになった

編集部撮影

日本大学豊山女子高等学校

理数Sクラス　2年生

高橋利々子さん

数学が好きな反面、理科には苦手意識が。
迷ったけれど、日本大学豊山女子高等学
校の理数科に進学。思いきってよかった
と思える、楽しい高校生活の日々！

普通科と迷ったけれど、思いきって理数科へ

　進路先で、自分が興味をもてることがひとつでもできそ
うであれば、そこに思いきって飛びこんでみるのもよいこ
とと思います。

　私は、日本大学豊山女子高等学校（日大豊山女子）の理
数科「理数Sクラス」にいますが、もともと理科は好きな
ほうではありませんでした。暗記をしてものごとを覚える
のが苦手で、理科にも覚えることがとにかく多いなと感じ

ていたのです。

　その一方、数学はとても好きでした。基本的な定理など
がわかっていれば、それらを組み立てていけば正解を導き
だせるからです。こっちのほうが自分に合っています。

　日大豊山女子には、理数科のほかに普通科などもありま
す。どちらに行くかでかなり悩みました。自分にとって理
数科での学びは、レベルが高すぎるものではないかとも思
ったのです。けれども「理数探究」の授業で課題研究に取
り組める点は、大学入学後も強みになりそうだし、魅力的
でした。中学の担任の先生にも相談しつつ、思いきって理
数科に進むことにしました。

「暗記」でなく「理解」で理科好きに

　理数科には、理科の授業が普通科より多くあります。高
校1年生のはじめのころも理科への苦手意識がありました
が、理科が楽しくなっていくきっかけがありました。

　「暗記をして覚えるのが苦手なのだから、暗記でなくなに
ごとも理解することにしよう」と考えたのです。教科書を
熟読すると、内容の理解が進んでいきます。自分なりに、
書かれてある内容を順序立てて理解していけば、暗記をす
るという苦手なことをせずに済みます。そして細かいとこ
ろまで知り尽くしていくと、だんだんと興味がわいてきた

のです。

　理科で必修となっている物理・化学・生物それぞれの科目に「つながり」があるということに気付きました。それも理科への興味につながりましたね。たとえば、電子について、物理では電気機器と地面をつなぐアースについて習い、生物でも動物における電子の伝達系などを習います。「感電したときビリッとくるのもわかるわ」などと納得でき、このつながりが私のなかで理科のおもしろさになっていきました。

研究テーマ変更……苦難の道のりの末に受賞！

　理数科への志望動機となった「理数探究」は、やはり楽しいです。１年生の前半で大学教授から研究活動について講義を受けたり、資料のつくり方の講義を受けたりします。

　１年生の後半でチームを組み、研究テーマを決めていきます。私たちははじめ、廃棄する茶葉に含まれるカテキンという成分の活かし方をテーマにしました。ところが、カテキンやお茶はかなり調べ尽くされていて、抗菌の効果を調べようとしたものの高度な研究技術が必要とわかり、２年生の夏に行きづまってしまったのです。「再利用」や「環境によい」といったキーワードは保ちながらチームで考え直し、「廃棄食材を使ったヘアカラー剤」というテー

マにしました。

　従来のカラー剤にはにおいのきつさがありますが、ブドウの皮からとれるアントシアニンという色素のにおいは不快でないので、そこがブドウ製カラー剤の利点だと考えました。どのくらい皮を煮出せば、髪が染まるくらい色素を抽出できるか。美容室に行って、切ったあとの白髪をもらったりもしました。実験すると、ブドウの皮の色素で髪が染まることが確かめられました。

　急いで発表資料をまとめ、高校生理科研究発表会で発表したところ、賞をいただきました。担当の化学の先生に、色を定着させる方法などを聞き、道すじを提案いただいたのがとてもありがたかったです。チームメンバーで「大変だったけど、報われたね」とよろこびあいました。

「学術英語」はいますでに役立っている

　中学生のころ英語スピーチコンテストで優勝したり、ニュージーランドに短期留学したりして、英語はずっと好きですね。

　高校での理数科では土曜日の２・３時限目の「理数探究」の前の１時限目に「学術英語」の授業があります。ネイティブの先生と日本人の先生から、英語論文のつくり方などを学びます。英語は日本語より、相手に伝わるように

きちんと表現する言語です。英語で論文を書いてみると、日本語で書いたとき表現をかなり省略してしまっていることに気付きます。「学術英語」はそうしていまも役立っているし、これからのキャリアでも役立ちそうです。

とうきょう総文2022の生徒実行委員に

　部活動は卓球部（たっきゅう）で、いま部長をしています。増えている部員をまとめたり、練習メニューを組んだりは私のやるべきことです。

　また、課外活動で1年生から2年生の夏まで「全国高等学校総合文化祭（とうきょう総文2022）」という、高校生による芸術文化の祭典の生徒実行委員を務めました。理数探究の発表の準備があるなかで、とうきょう総文2022への参加はとても忙（いそが）しくもありました。

　でも、暇（ひま）を感じることは好きでなく、スケジュールを詰（つ）めこむタイプなのです。あまり大変さは感じませんでした。とうきょう総文にきちんと参加しきれなかったことの後悔（こうかい）はありますが、それでもやっているときの達成感はありました。

購 入 申 込 書		※当社刊行物のご注文にご利用ください。	
書名		定価[　　　　円+税] 部数[　　　　部]	
書名		定価[　　　　円+税] 部数[　　　　部]	
書名		定価[　　　　円+税] 部数[　　　　部]	
●購入方法を お選び下さい （□にチェック）	□直接購入（代金引き換えとなります。送料 　　＋代引手数料で900円+税が別途かかります） □書店経由（本状を書店にお渡し下さるか、 　　下欄に書店ご指定の上、ご投函下さい）	番線印（書店使用欄）	
書店名			
書店 所在地			

書店様へ：本状でお申込みがございましたら、番線印を押印の上ご投函下さい。

※ご購読ありがとうございました。今後の企画・編集の参考にさせていただきますので、ご意見・ご感想をお聞かせください。

アンケートはwebページでも受け付けています。

URL http://www.perikansha.co.jp/qa.html

書名 No. ＿＿＿＿＿

● **この本を何でお知りになりましたか？**
　□書店で見て　　□図書館で見て　　□先生に勧められて
　□DMで　　□インターネットで
　□その他 [　　　　　　　　　　　　　　　　　　　　　　　　　　　　]

● **この本へのご感想をお聞かせください**
　・内容のわかりやすさは？　　□難しい　　□ちょうどよい　　□やさしい
　・文章・漢字の量は？　　□多い　　□普通　　□少ない
　・文字の大きさは？　　□大きい　　□ちょうどよい　　□小さい
　・カバーデザインやページレイアウトは？　　□好き　　□普通　　□嫌い
　・この本でよかった項目 [　　　　　　　　　　　　　　　　　　　　　]
　・この本で悪かった項目 [　　　　　　　　　　　　　　　　　　　　　]

● **興味のある分野を教えてください（あてはまる項目に○。複数回答可）。**
　また、シリーズに入れてほしい職業は？
　医療　福祉　教育　子ども　動植物　機械・電気・化学　乗り物　宇宙　建築　環境
　食　旅行　Web・ゲーム・アニメ　美容　スポーツ　ファッション・アート　マスコミ
　音楽　ビジネス・経営　語学　公務員　政治・法律　その他
　シリーズに入れてほしい職業 [　　　　　　　　　　　　　　　　　　　]

● **進路を考えるときに知りたいことはどんなことですか？**
　[
　]

● **今後、どのようなテーマ・内容の本が読みたいですか？**
　[
　]

お名前	ふりがな		ご学校・職業・名	
		[　　歳] [男・女]		
ご住所	〒[　　－　　]	TEL.[　　－　　－　　]		
お書店上名		市・区 町・村		書店

ご協力ありがとうございました。詳しくお書きいただいた方には抽選で粗品を進呈いたします。

一つでも「好き」があれば、思いきって飛びこんで

　これからの進路については、理数科で学んできたことの強みを活かせればと考えています。大学学部の第一志望は、薬学部です。研究の楽しさを知ったので、それを活かして薬をつくるための研究などに取り組みたいと考えています。とくに、カテキンやアントシアニンと向きあってきて、植物の成分をもとにした漢方薬にいま興味があります。

　読者のみなさんには、ひとつでもやりたいことがあるのなら、それをできるところに行くといいよと伝えます。私の場合、それが理数科でした。入る前は「なにをするのだろう。自分にできるのか」といった怖さがありました。けれども、数学が好きだったという一つの興味をもとに思いきって理数科に入ってみたら、その後は理科も好きになり、研究も楽しむことができました。やりたいことがあれば思いきってやってみるというのが、私の進み方であり、みなさんへのススメです。

理数科生徒の実験風景。
課題を見つけ自分で解
決していく

理数科は**興味あること**を**思いっきり**できるところ

横浜市立横浜サイエンスフロン
ティア高等学校　理数科　2年生

山上　駿さん

学校案内を見て一瞬で心をひき寄せら
れ、横浜市立横浜サイエンスフロンティ
ア高等学校を志望。合格の瞬間、ガッツ
ポーズが出ました。

編集部撮影

研究者にあこがれをもつ

　小学生のころから、数学や理科が好きでした。きっかけ
の一つは、小学生のとき『学習まんが　ドラえもんふしぎ
のサイエンス』という付録つきのまんがシリーズを体験し
たことです。ミョウバンという材料からきれいな結晶をつ
くれると知ったとき、とても驚きました。学校の理科の授
業で実験することも楽しく、研究者へのあこがれもありま
した。小学校2年生のとき学校の図書館にある、物理学者

のアルバート・アインシュタインの伝記を読み、「僕も思いっきり研究をできたら」と思い描いていました。

　高校の進路を考えるとき、両親から「こんな学校があるよ」と情報をもらったのが、横浜サイエンスフロンティア高等学校です。パンフレットを取り寄せてみると、施設が充実していて授業も楽しそうで魅力的だなと、一瞬で心をひき寄せられました。勉強では、数学と英語を軸に考えて、数学は先取りの勉強をして2年生のはじめのころまでに、3年生までの範囲を終えました。3年生の夏まで数学や英語の勉強をかためて、それから理科や社会の詰めの勉強をしました。合格の通知を見た瞬間、「心から行きたいと思っていた高校に入れる！」と思いガッツポーズが出ました。

「卵が割れないしくみ」にチームで挑戦

　横浜サイエンスフロンティア高等学校の特徴的な授業に「サイエンスリテラシー」があります。理数分野の課題を立てて研究に取り組むもので、理数科ならではの授業だと思います。僕の大きな志望理由のひとつに、「サイエンスリテラシー」を体験したいということもありました。実際にやってみて感じたことは「とにかく楽しい！」ということ。ほかの同級生もみな理数系に興味があるので、授業で取り組んだことについて日常的に話をし、それが「サイエ

ンスリテラシー」の学習に活きるということもありました。

　1年生の「サイエンスリテラシーⅠ」ではグループワーク中心で、さまざまな課題に取り組みます。印象深かったのは「エッグドロップ」という、紙を使って卵を落としても守れるような構造をつくるというもの。僕たちのグループは紙でバネをつくって卵を衝撃から守ろうとしましたが、落ちた卵が横に跳ねてしまい「グシャ！」。失敗してしまいましたが、「形を変えたら横に跳ねなかったのでは」などと、みんなで反省することもよい経験でした。メンバーのアイデアや意見をまとめていく過程にも学びがありました。

熱の現象の不思議を解きあかしたい

　2年生の「サイエンスリテラシーⅡ」はより自主的に、自分のアイデアをもとに研究に取り組みます。僕は、取り組みたい課題がいくつもありテーマ決めに迷いました。そのなかで、「高い温度の水のほうが低い温度の水より短い時間で凍る」という「ムペンバ効果」のしくみを調べたいと考え、データを集めることにしました。ほかに3歳のときから教室で取り組んでいた LEGO のロボットを設計・製作するのもの課題としていいなと思いましたが、「新しいことをやってみよう」と、フロンティア精神を発揮させてムペンバ効果についての研究に取り組むことにしました。

この研究の難しかったところは、二つの水の熱量をおなじにしつつも温度ムラがちがうようにしなければならなかった点にあります。繊細な温度管理に苦労しました。２年生の秋には「研修旅行」で訪れた沖縄科学技術大学院大学にて英語で中間発表をしました。大学院生や留学生の方から「水槽の環境をより整えたら」といったアドバイスをいただき、それを元に実験をアップデート。２年生の年明け１月に最終発表をし、３月に論文を提出しました。

編集部撮影

英語プレゼンのスキルを高める

「サイエンスリテラシー」のほかにも、「これは受けてよかった」と思える科目があります。「オーラル・コミュニケーション・フォー・プレゼンテーション・アンド・ディベート（OCPD）」です。この授業ではプレゼンテーションやディベートを通じて、英語力を向上させます。英語を母語とする外国人の先生と、日本人の先生の二人に教わります。プレゼテーションのときの立つ姿勢や、声の出し方、質問されたらすぐに英語で返答するスキルなどを身につけることができます。横浜サイエンスフロンティア高等学校における特徴的な科目の一つだと思います。OCPDに取り組んで、自分のなかでかわったと思えることが、聞かれたことにすぐに英語で対応するスキルを身につけられたこ

とです。授業でクラスメイトとペアを組んで、「先週はな
にをしていましたか」「今週の予定は」といったトピック
について英会話をその場でします。トレーニングにより、
すぐに適切な返事をするスキルを得られたため、研修旅行
の発表でも大学院生たちからの英語での質問や指摘にスム
ーズに対応できました。

演劇部の脚本づくりで賞を受賞！

　部活動は、航空宇宙工学部と演劇部を兼部しています。
　航空宇宙工学部は、モノづくり班、プログラミング班、
ジャグリング班、ライセンス班に分かれていて、僕はモノ
づくり班に入っています。航空や宇宙の分野だけにとらわ
れず、つくりたいものをつくることができ、僕は鉄道模型
のジオラマ作品に取り組み、附属中学校の中学生たちとい
っしょに「鉄道模型コンテスト」に参加しました。
　演劇部のほうは、2021年に創部された新しい部です。
僕は、劇のシナリオを書く脚本、演者であるキャストを担
当しました。演出にもすこしたずさわりました。2年生の
ときには「Fib →→→」という演劇の脚本を書きました。
演劇部を舞台にしたもので、ある日、演劇部に生徒会が訪
れ、演劇部の廃部を宣言。するとそこに異世界生徒会が現
れ、もめごとが生じます。その後もさまざまなできごとを

経て、生徒会顧問の先生にお笑いを見せることになった演劇部、生徒会、異世界生徒会は、協力して先生を笑わせることはできるのか、といった内容です。神奈川県の大会にまで出場でき、最優秀校の一つに選ばれ、また僕は「創作脚本賞」を受賞。劇中で漫才をするなど、自分でもかなりフロンティアに挑んだといえる作品でしたが、だからこそ、審査員の方々から思いのほか高評価をいただけ、驚きました。

編集部撮影

興味あることに取り組めるのが理数科

ほかの学校の生徒たちと交流してもいます。1年生のとき立命館高等学校が主催している国際共同課題研究のプログラムで、東京工業大学附属科学技術高等学校、それにベトナムの高校の生徒たちと「染めもの」をテーマに共同研究に取り組みました。こうした経験を通じ、いま僕は大学以降、海外で研究をすることに興味をもちはじめています。

3年生では、全授業の半分以上が、複数ある科目から選ぶ「自由選択」となります。自分の興味あるものを選択し、充実した1年間にしたいです。理数科の高校に進学しようかと考えているみなさんには、「理数科は自分の興味あることに取り組めることが魅力です」とお伝えします。さまざまな場面で「探究活動」に取り組める理数科。入れば、かならず楽しめます！　ぜひめざしてみてください！

研究と行事を楽しめた。
いよいよ**大学受験**へ

埼玉県立大宮高等学校
理数科　３年生

滝花春乃さん

中学３年生のとき、埼玉県立大宮高等学校の理数科を知り、受検して入学。よきクラスメートとさまざまな行事に参加。３年生になりいよいよ大学受験モード。

漆原次郎撮影

「濃くておもしろそう」と理数科を志望

　　埼玉県に住んでいるので、埼玉県立大宮高等学校（県立大宮）は知っていました。公立で、できれば学力レベルの高い高校に入れればと思っていたなか、中学３年のとき県立大宮の学校見学会に行ったところ、９月に「理数科体験入学」というのがあると知りました。「理数科ってどんなところだろう」と関心をもって参加してみました。そこで、理数科の模擬授業を体験で受けるとともに、当時の高校２

午生の理数科の方々から座談会でお話を聞きました。理数科は1クラスだけれど、「メンバーが濃くておもしろそう」とそのとき感じましたね。高校受験をするうえで、どうせめざすならレベルのより高いところを志望するほうが、勉強のモチベーションが上がると思い、県立大宮の理数科を志望しました。

受検勉強では学習塾（がくしゅうじゅく）などに行かず、自分がいいと思ったすこし難しめの問題集を何周もくり返し解きましたね。この勉強のしかたができていたので、これでよかったと思います。合格を知ったときは……もう「うれしい」しかありませんでした。

クラスメートたちと切磋琢磨（せっさたくま）の日々

入学して、さっそく理数科で授業を受けるわけですが、受けてみて授業がとてもおもしろいと感じました。理由はいろいろあると思います。先生方の教える熱意も感じますし、学ぶ内容の深さも感じます。なにより、いっしょに勉強しているクラスメートのレベルが高いことが、私にとっての刺激（しげき）になります。自分の勉強意欲もますます上がり、「私は理数科目が好きなんだ」ということをあらためて感じることができました。

授業のスピードは中学のときとまるでちがいます。とく

に数学の進む速さにはじめは驚きました。授業がある日は毎日のように数学があり、「ついていけるかな」と思っていましたが、スピードに慣れてくると楽しくなってきました。理科も数学も復習をきちんとやることが定期試験の得点につながるので、そこはがんばっています。

クラスメートとは授業以外の時間でも理系の話題で盛りあがったりします。これは、中学校にも、また高校の普通科にもない、理数科だからこそのよさだと思います。

研究者は「情熱」でできている

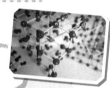

漆原次郎
撮影

学校の行事も思い出深いものがあります。1年生のとき「大学セミナー」を年2回、受けます。大学の先生が学校に来られてセミナーをしてくださるもので、東京大学大学院の農学生命科学研究科教授でセルロース・ナノ・ファイバーという材料を研究し、理数科の先輩にあたる齋藤継之先生（126ページに登場）、それにおなじく東京大学大学院の薬学系研究科教授で生命科学を研究分野とする北川大樹先生から講義を受けました。お2人とも、ご自身の研究を心から楽しんでいるようすで、情熱も感じました。

学校の外へ出て、茨城県つくば市にある高エネルギー加速器研究機構（KEK）という研究機関を訪れもしました。電子などの粒子を加速させ、原子核などを得るための加速

器という大きな装置があります。施設を見てまわり、加速器に使われている超伝導磁石という材料を見せてもらったり、研究者からの研究にかかわる素粒子物理学という学問の講演を聞いたりしました。海外にはさらに大きな加速器があり、さまざまな国の研究者が協力しているとのこと。「科学の研究はグローバルなんだ」と感じましたね。

漆原次郎
撮影

草・葉でつくれないか？　バイオエタノール

　２年生の「理数探究」の授業で研究に取り組みました。私たちのグループのテーマは、「食用でない草・葉からバイオエタノールをつくる」です。植物からつくる燃料であるバイオエタノールは、地球環境によい燃料として話題になっていますが、トウモロコシやサトウキビといった食料になる植物からつくられています。食料にならない草や葉からつくれたらよいと考え、効率よくつくる方法を研究することにしました。

　海藻を使うのはどうか。道端に生えているような草は使えないか。枯れた葉はどうか。このように材料の候補を考えて選び、実際にバイオエタノールを抽出し、どれが効率的かを調べていきました。私たちが調べた方法では、枯葉からつくるのが、集めやすく、砕くのも簡単で、反応を見られてよいという結論になりました。

研究中、担当の先生にいつでも相談できるので頼りにさせていただきました。ただし、実験方法を考えるのは私たち生徒です。私だけでは方法のアイデアは出なかったと思います。チームのメンバーで話しあって実験方法を決めることができました。

「科学の甲子園」にクラスメートと出場を果たす

2年生は、授業以外のできごとも充実していました。

私が理数科に入るきっかけとなった「理数科体験入学」を、今度は私たちが企画し、中学生たちを迎えたのです。中学生たちから「どういう授業をするのですか」「どうやって受験勉強をするとよさそうですか」といった相談を受け、自分の経験をもとに答えました。

また、茨城県つくば市で開かれた「科学の甲子園」の全国大会に理数科のクラスメートとチームで参加しました。県大会を通過したということで、全国大会に向けて追加メンバーに誘ってくれたのです。うれしかった。成績は全国13位と、入賞の10位にあとすこし。クラスメートとのチームワークも築けたし、ほかの出場校の生徒たちと交流を深められたのもよい経験でした。

理数科という「新しい世界」にぜひ！

　　部活動の家庭部は2年生で引退し、3年生の楽しみといえばあとは文化祭です。2年生の文化祭が終わるとすぐ3年生での企画を考えるくらいみんな熱心です。いまからすでに、どんな企画にするか決めています。

　　それ以外は受験モードですね。6月に理数科の卒業生組織である「三六会」による受験相談会があると聞いています。大学生の先輩たちと話し、相談をして、受験勉強をがんばっていきたいと思います。

　　私の実感として、理系の進路をめざすという人であれば、どんな人も理数科に入ってデメリットはないと思います。授業カリキュラム、学習環境、クラスメート、いずれからも刺激を得られます。

　　理数科に入れば、みなさんにとっての「新しい世界」を感じられるのではないでしょうか。

「科学の甲子園」埼玉県大会（左）と全国大会でのようす

4章

卒業したら
どんな**進路**が
あるの？

自分や将来について

考えてみよう

✏ 「好き」から理系分野との向きあい方を考える

「理数科に進む＝理系で決定」ではない

　まず、あなたに伝えたいのは、「高校で理数科に進むことが、かならずしも自分の将来は理系と決めることにはならない」ということです。理数科に進む人のなかにも、その後、「やっぱり私はべつの道を進みたい」と考え、文系の分野に進んでいく人もけっこういます。理系か文系か、どんな社会人になるかを決めるのは、「そのときのあなた」であって、いつでも進路を変えることができます。理系や文系にとらわれない生き方をする人だっています。それに、理数科で学んだことは、将来どの分野に進んだとしてもむだになりません。これについては104ページで、より深くお話しします。

　ですので、あなたが高校で理数科に進むかどうかをしっかり考えてほしいけれど、自分の人生を決める重大ごとのようには考えないでほしいのです。

「理由なく」は最強、「理由あって」も強し

　そのうえで、あなたに聞きます。

「1．あなたは、理系の分野のことが好きですか」

「2．好きだとしたら、それはなぜですか」

　1の質問に対し、この本を読んでいる人の多くは「好き」と答えるでしょう。理数科に興味のある人の多くは、理科や数学など理系の分野のことが好きだろうからです。

　もし、「好き」とはいえないけれど、「理系のことも得意になっておきたい」「理系の仕事のほうがお金をもらえそう」などのべつの理由で理系を意識しているとしたら、それもすばらしいことです。そうした人が理数科に入ろうか

どうか迷って、この本を手にとっているとしたら、「日々理科や数学などを勉強し、理科好き、数学好きのクラスメートと３年間いっしょに過ごしている自分の姿が頭に浮かぶか」を考えてみるとよいと思います。

　２の質問に対して、いくつかの答えがありそうです。

「理由なんてなく好き」という人は、最強です。自然と理系のものごとにひかれていくのですから。その感覚のまま理系の世界に入っていったらよいと思います。

「これこれの理由があって好き」という人は、強い考えのもち主です。自分で自分の性格や考え方を見られているともいえます。やはり理系の進路に向いていると思います。

「ほかに好きな分野がないから好き」という人は、将来の選択肢をまだ多くもっている人といえます。「理系のことよりもっと好き」と感じられるできごとや、あるいは理系のことが積極的に好きになるできごとを、これから見つけられるかもしれません。

　１と２の質問をあなたにしたのは、「とくに理系のキャリアでは、自分が強く『好き』と思えることをやるべきだ」という考えからくるものです。理系はいずれも専門性の高い分野であり、「好き」という積極的な方向性をもっているかどうかが、仕事での成果にかかわってきます。これについて、もうすこしくわしくお話しします。

強い「好き」が理系の仕事でのカギ

　たとえ理系のことが「好き」でなくても、知識や技術を身につければ仕事をすることはできます。たとえば、ビジネスのトップリーダーになるといった「夢」をかなえるための手だてとして、「好き」とまではいえない理系の知識や技術も身につけておくという考えもあります。そうした「夢」がない人でも、理系の知識や技術をもっていれば「理系に苦手意識がある人たちとのあいだのギャップを埋める」といった仕事はでき、お金をもらうことはできます。

　一方、理系のことが強く「好き」だと、その強い「好き」を原動力に、どんどん知識や技術を得ていき、「まだ謎のままのことを解きあかす」や「世の中にまだないものをつくる」といったことを進めることができます。強い「好き」があってこそ、その仕事をずっとしつづけることができますから。1時間よりも100時間、100時間よりも1万時間その仕事をしているほうが、その仕事のことにくわしくなれるし、発見や発明を多くできるでしょう。

　強い「好き」があることが、理系の世界であなたが楽しく仕事をでき、また高く評価されるためのカギです。理系のものごとが「好き」といえることは、それだけ一つの能力をあたえられていると考えてよいと思います。

興味を 深掘り してみよう

興味を深めた先にある「深～い人間」としての自分

深めていくと、得られるものザクザク

なにかを「好き」であることは、そのなにかについてずっと考えていられる原動力になります。十数年にわたり生きてきたあなたにも「好き！」や「興味あり！」といったことはあるはず。その「好き」「興味」をどんどん深くしていきませんか。

「好き」や「興味」を深掘りしていくと、どんなことがあるでしょう。これについては、いくつかの得られるものがありそうです。

まず、「知識」をより多く得られます。興味があることについて、もっと知りたいと探っていると、新たな知識に出合います。そのときの「なるほど！そういうことか！」はそれそのものが気持ちいいものですし、そうして得た知識が多くなるほど、生きていくなかでその知識をもっておいてよかったと思える場面が増えます。

また、「関心」をより広く得られます。ある一つの興味

あることを深めていくと、かならずその興味のとなりにあるものごとも気になってきます。たとえば、コウテイペンギンに興味をもって調べていたら、オウサマペンギンのことも気になってきたといったように。そうして関心が広がっていくと、「コウテイのヒナは毛の色も形もかわいいけれど、オウサマのヒナはカメノコタワシみたくずんぐりむっくりね」といったように比較できるようになります。これは、もともと興味があったコウテイペンギンをより浮かびあがらせて見る経験につながります。それに、新たに関心をもったオウサマペンギンにもおなじように興味がわいてそちらも深掘りしていけば、あなた自身が考えの深い人になっていくはずです。

もう一つ、あなたの行動によっては、おなじ興味をもった「人」とのつながりを得られることになります。おなじ興味をもっている人と会えば、話は弾みます。その人から知識を得たり、その人に知識をあたえたりして交流が深まります。ただし、これには積極的にそうした人がいるところに向かっていく必要があります。

「なぜ」「なぜ」「なぜ」で深まる

　興味を深めるといろいろな得られるものがあるとして、では、興味を深めるにはどうしたらよいでしょう。

　世界的に知られるような研究者たちがよく話すのは、「なぜ・どうしてを積み重ねてきた」ということです。探っていたことを解きあかしたら、さらにその先に「なぜ・どうして」が待っていて、それも調べていく。これを積み重ねることで、その研究分野の第一人者になっていったということです。

　まだ答えがわかっていない「なぜ」に答えを出せたら、あなたも立派な研究者です。たとえ、すでに答えがあるものごとでも、答えを知らなければ「なぜ」と考え、その答えに出合うことは、興味を深めることになります。「なぜ、ブラックホールは黒いのだろう。なぜなら光さえ外に出られないからだ。では、なぜ、光さえ外に出られないのだろう。なぜならとても大きな重力があるからだ。では、なぜ、とても大きな重力をブラックホールはもっているのだろう」といったように。

理数探究は興味の深掘りそのもの

　ここまで読んできたあなたはもう気付いているかもしれません。理数科の「理数探究」などでの研究は、まさに興味の深掘りそのものである、と。理数探究では、あなたのもつ興味からテーマを設定し、「これはなぜだろう。こういうことではないか」と仮説を立て、それを実験や調査などで解きあかし、わかったことを発表します。そのプロセスでは、知識を得たり、関心を広げたり、人と出会ったりします。

　さらに高校の先にある大学、それに大学院で研究をするし、社会人として研究をするかもしれません。「興味の深掘り」ができる機会はこの先多く訪れるにちがいありません。理数科での学びはそのスタートといえます。

どんな 進路 が あるの？

どんなあなたの進路にも理数科の学びは役立つ

研究者、技術者、医療従事者などなど

　理数科を卒業した多くの人が大学の理系の学部に進み、そのなかのかなりの人が大学院の理系の研究科に進み、その後かなりの人が理系の分野で仕事をする人になります。理系の分野での仕事も幅広くあるので、代表的なものを紹介します。

　研究者。研究を仕事にしている人のことです。大学の教授や、研究機関の研究員、また企業の研究担当社員などがこれにあたります。

　技術者。理系分野の専門的な技術をもち、それを役立たせることを仕事にしている人のことです。技術者のなかで、とくに機械や建築、電気などの分野で仕事をする人をエンジニアとよぶことがあります。

　医療従事者。医療の分野で仕事をしている人です。医師、歯科医、薬剤師、看護師など。医学の研究者と医師とを兼務している人もいます。

　ここであげた職業は、理数科の生徒の進路先にあるものとして代表的ですが、ごくわずかです。「理系職」で検索すると出てくる職業全般に、理数科はつながっていると考えてよいでしょう。ただし、普通科の理系、工業科、農業科、科学技術科、それに高等専門学校（高専）なども理系職につながっているので、具体的に就きたい職業や分野があったら、それをもとにどの高校の科あるいは高専がふさわしいのか考えるのはひとつの手です。

研究者は未来の社会に責任をもつ

　「好き」や「興味」がとくに理系の仕事での原動力になる

と伝えました。ただし、好きだから、興味があるからといって、仕事でなにをやってもよいわけではありません。

　たとえば、人間の設計図ともいわれる遺伝子のつくりを変える、つまり生まれてくる赤ちゃんの特徴を変えることができる技術がすでにあります。これは研究者たちの成果です。では、そのしくみを使って、親ののぞむ通りの「スーパー赤ちゃん」を設計してよいかとなると、「自然な生きもののあり方を超えているのではないか」といったことになり、禁止されています。

　ほかにも研究が進んだため、「ここまでできるけれど、はたして使ってよいのか」といった技術にストップがかかったり、ストップがかからず使われだしているものがあります。

　研究をしたり技術を生みだしたりする人たちは、その成果で社会がのぞましい方向に進むように責任をもつべきだという考えがあります。ただし、その責任を研究者たちだけでなく、その技術にかかわる広い人たちがもつべきだという考えもあります。

知識・考え方・研究方法すべてが道具に

　高校の理数科で学んだこと、たとえば物理・化学・生物・地学・数学の知識や考え方、それに理数探究で取り組んだ研究の経験などのすべてが、理系分野の進路でかならず役に立ちます。なぜなら、物理・化学・生物・地学・数学の授業を通じて、「こうだからこうなるといった論理が

大切」といった共通する考え方を身につけられるからです。また、研究の経験は、大学生になった以降におこなう研究、あるいは課題解決などをするときに思いだせるものになるからです。

　理数科の授業で習った「熱膨張」や「アンモニア分子の構造」といったピンポイントの知識や、理数探究で立てた研究テーマそのものが、その先の進路で直接的に役立つことはさほど多くありません。けれども、３年間の理数科の学びで得られた知識のすべてや考え方、研究の進め方などは、これからの進路に間接的にかならず役立つのです。

　では、進路先が理系の分野でないと、理数科で学んだことは役立たないかというと、まったくそのようなことはありません。どんな進路先や職業となっても、理数科で身につけた知識のすべてや考え方、また研究のしかたは、説得力をもってものごとを伝えたり、ぶちあたった課題を解決したりするのに、間接的であってもかならず役立つのです。理系でないものごとにも広く、そうした知識・考え方・研究のしかたが当てはまるからです。

理数科時代からの研究テーマを大学生でも

千葉県立船橋高等学校理数科卒業生
筑波大学理工学群化学類2年

齋藤史陽さん

化学をはじめ理科が好きだった齋藤さん。高等学校理数科で興味をもってのぞんだ研究の分野をさらに深く勉強しようと、大学で化学を専攻。

「暗記」より「理解」で受験合格

　私には、高校時代から「これを研究したい」というテーマがあり、理数科の理数探究でそれに取り組むとともに、大学に入ってからも、おなじ分野の専攻で研究することをめざしているところです。

　中学生のころから理科が好きだったことや、理科のよい先生にもめぐりあえたことが、「高校では理数科に行こう」とのぞむようになった原動力でした。千葉県の家から通え

る理数科のある高校は、千葉県立船橋高等学校（県立船橋）と千葉県立柏高等学校でした。どちらも説明会に行き、より通学しやすく、中学の先生からも推された県立船橋を志望校にしました。受験勉強で「暗記すること」より「理解すること」に力を入れた結果、大学受験に合格しました。この勉強のしかたは、いまの大学生活でも大事にしていることです。

理数科の野外実習で「実物を見る」

　県立船橋の理数科に入学すると、1年生の「SS理数探究I」で、千葉県内の鴨川市へ1泊2日の野外実習に行きました。生物分野と地学分野について、探究活動の流れを体験するためのものです。

　生物分野では、その場所にどのような植物が生育しているかを指す植生を調べたり、海の浅瀬にいるウニなどの動物の観察をしたりしました。記録をとって、学校に帰ってきてから考察をします。

　地学分野では、地層の傾き方などを調べて、どういうつくりをしているのか考察したり、岩石を採って集め、学校に帰ってきてから大きさや密度などを調べたりしました。

　いまふり返ると、「実物を見る」というのは大事だなと思います。文字や写真からだけでは得られない情報が、そ

野外で実物を見ることが得難い経験に

こにはあります。また、純粋に入学して間もない１年生の
ころ、理数科のクラスメートと泊まりがけで実習し、仲を
深められたこともよい思い出になりました。

知らなかった「色の変化」を探究

　その後、校内での「SS理数探究Ⅰ」で、グループで溶
液について研究をしました。その実験は溶解度を調べるも
のでしたが、教科書などで得ていた私の知識では思いもよ
らない、溶液の色の変化が見られたのです。「どうしてだ
ろう」というこのときの疑問をもとに、２年生の「SS理
数探究Ⅱ」での個人研究のテーマを立てました。「銅（Ⅱ）
イオンの色に影響を及ぼすイオン」というテーマです。

　銅（Ⅱ）イオンという陽イオンの物質を溶かした液は青くなることが知られていますが、私の知識になかった「べつの陽イオンがその色に影響を及ぼすかもしれない」ということに興味をもち、さまざまな陽イオンの物質で色の変化について調べました。実験を重ねた結果、銅（Ⅱ）イオンとナトリウムイオンの組み合わせだと、色の変化が起きるようでした。でも、さらに研究を進めると、実は陰イオンの硝酸イオンもこの色の変化にかかわっているとわかってきました。「SS理数探究Ⅱ」で解きあかせたのはこのくらいまでですが、仮説を立ててもそれが正解とかぎらないことや、なにを使えばよいか考えなければならないことは、難しいところでもあり、おもしろいところでもありました。

高校時代の延長線にある勉強にはげむ

　銅（Ⅱ）イオンとアンモニアのような組み合わせは、錯体とよばれる化合物をつくります。高校生のときまでにすでに「錯体がもたらす色はきれいだな」と、錯体に興味をもちはじめていました。そうしたなか、高校1年生のとき筑波大学の理工学群化学類に進路先として魅力を感じていました。研究施設が充実しており、パンフレットに錯体の研究がさかんとありました。幅広い分野の勉強ができるのも特徴と書かれてあります。筑波大学を第一志望として、

推薦入試で合格することができました。

　いま私は大学２年生ですが、やはり錯体について興味をもって勉強しています。まんなかに置かれる銅（Ⅱ）イオンなどは無機物質ですが、そのまわりに結合する物質はほとんどが有機物質です。無機と有機の結び目にあるのが錯体であり、その結び目であることの可能性にほれますね。筑波大学では、錯体を応用して、緑の植物がしているような光合成ができないか研究している先生もいます。４年生になると化学類のいずれかの先生の研究室に入って卒業研究に取り組むので、ぜひ錯体をテーマにできればと考えているところです。

　そして最終的には、研究の仕事をしたいという気持ちがあります。そのため、大学院へ進みたいと思っています。できれば博士後期課程にチャレンジしたい。大学院に進んで自分の研究の技術をみがいて、大学または企業における研究職に就き、キャリアを積んでいければと考えています。

大学では「正解がひとつでない問題」も

　中学や高校までの勉強と、大学での勉強のちがいをいうと、大学では研究の色合いがさらに濃くなることをあげられます。大学の講義で、レポート課題をあたえられますが、

そのときに出る問題に「考えて書きなさい」といったものがあります。ひとつの正解や解法ではないわけです。

　もうひとつのちがいは、高校までの化学では、教科書などに「この現象はこういうものだから」と書かれてあるだけで、とにかく覚えるしかないものがありました。大学生になって、そのしくみを納得できるまで調べることができています。疑問が晴れるので、それも楽しいですね。高校生のときの研究では解きあかしきれなかった錯体の色のしくみも調べていきたいと思います。

理数科の学びで道すじが見えるように

　高校生の3年間、理数科で学んだ経験は、いまの私に活きています。問題を考えるとき、いろいろな角度からその問題を見たり、こうではないかと考えるときの道すじが見えやすくなっていたりするのは、理数科での経験のおかげです。

　理数科は、理科や数学が好きな人が勉強するのに、このうえない環境と思います。幅広い科目を学べるし、実習も研究もその後に活かせる貴重な経験になります。

　理系が好きな人が理数科に入れたら、なにものにもかえがたい経験を得られると思います。

「数学が好き」をスタートに 理系職への**キャリアを積む**

日本大学豊山女子高等学校理数 S クラス
卒業　トヨタ自動車製品化製造技術部

向山友里子さん

世界的な自動車メーカーのトヨタ自動車
で車体アッパーSEという理系の仕事を
担う。現在の仕事のキャリアは、数学が
好きだったことが始まり。

クルマづくりのシミュレーションを担当

　中学生のころ数学が好きだったことをスタート地点に、
高校の理数科へと進み、大学の電気工学科を経て、いまの
自動車の技術職に至っています。純粋に好きなものを大切
にしながら進んでいくと、その先が開かれていくものだと
思います。

　いま私はトヨタ自動車で、サイマルテニアス・エンジニ
アリング（SE）における解析シミュレーションという、

理系の仕事をしています。クルマのデザイン担当者や設計担当者が用意した設計図通りに、かつお客さまにお届けできる品質を保って、鉄板である材料からクルマのボディーを形づくることができるかを、コンピュータ上で確かめる仕事です。クルマのかたちは、お客さまが求められるものを追求していくため、かっこいい方向へと進んでいます。そのかっこよさをできるかぎり実際のクルマで実現するため、つくる前に解析やシミュレーションをするのです。お客さまが求めているデザイン性を実現できたときには、とても達成感がありますね。

数学をたくさん学べる！　日大豊山女子の理数科へ

　いまお話しした仕事に就くまでの私の歩みをさかのぼっていくと、中学生のとき数学が好きだったことにたどり着きます。そろばんを習っていて算数・数学に慣れていたため、学校の定期テストなどでは学年で１位、２位を争うくらいでした。

　高校の志望校を両親と考えたとき、数学をたくさん学べる公立高校を探していましたが、どこも文系・理系に分かれるのは２年生のときからです。そうしたなか、日本大学豊山女子高等学校（日大豊山女子）に「理数Ｓクラス」という、３年間、理数科で学べるクラスがあることを知りま

した。学校見学に行ってみると、先生たちに案内していただき、数学の授業が普通科のクラスよりも多いことや、特別の課外授業も充実していることがわかりました。女子高校で理数科クラスがあるというめずらしさもあり、とてもひかれました。「ぜひ日大豊山女子に入りたい」という私の思いを両親も受けとめてくれて、入学することができました。

3年間、数学をずっと好きでいられた

　入学してみると、理数科の楽しさを感じる学びがいろいろありましたね。当時、2時限連続100分の数学の授業がありました。数学が好きだったので楽しかった記憶があります。

　また、課外授業では、日本大学の生物資源科学部を「理数Sクラス」のみんなで訪ね、研究室で実験をさせていただきました。高校のなかではできないような実験をしたものと記憶しています。

　また、すべての高校1年生を対象としたものでしたが、コース料理などでの食器のとり方や食べ方を習う、「テーブルマナー教室」を受けたのも、いまふり返るとこうした経験をするのはほかではなかったため、受けておいてよかったなと思います。

いま、3年間を思いおこすと、「やっぱり理数科で過ごせてよかった」というのがなにより最初にきます。なぜなら、数学を嫌いにならず、ずっと好きでいられたからです。数学も理科もいろいろな先生から授業を受けましたが、合わない先生はおらず、どの先生からも楽しく習うことができました。

研究の要素が詰まっている電気工学科を志望

大学は日本大学理工学部電気工学科に進みました。高校1年生のときに、担任の先生にすすめられて日本大学のオープンキャンパスに何度か行きました。すると、理工学部の教職員や学生の方に覚えていただけて話しやすくなり、「楽しく過ごせそうだな」と思うようになりました。

電気工学科を選んだのは、高校2年生のときの担任の先生から「電気工学科というのはざっくりした学科名だけれど、光・音・電力・通信・回路・数学と、さまざまな研究の要素が入っている学科だよ」と教えていただいたからです。当時、私はピアノを習っていたり、ブラスバンド部に入っていたりして「音」に興味があったことや、「エンジニア」ということばに興味をもっていたことがあり、それを先生がよく知っていて、電気工学科について教えてくださったのだと思います。

「これをやった」と言えるよう大学院へ

　「大学の理系学部の数学は難しいんだろうな」と思っていましたが、高校の理数科で習ったことが多く含まれ、「おそれなくてだいじょうぶだ」と自信になりました。

　高校時代から「音」の研究ができればと考えていました。音響について研究している研究室を見学すると、超音波の研究もしていると知りました。感じられない音を活用できると知って感動し、この研究室に入りました。超音波を使ってふれずにものの形を可視化・イメージングする研究をテーマにしました。

　大学を卒業したら就職するものと考えていましたが、自分が企業に「これをやりました」と言えることはあるだろうかとためらいました。研究をさらに続けたいと考え、研究室の先生たちと相談し、大学院の博士前期課程への進学を決めました。大学院生の2年間で、研究を完結できたとまではいえませんが、今度は就職活動で自信をもってやってきたことを企業に話せるようになりました。

大学院生のころのポスター発表（左）とハワイでの国際学会

興味を大切に、みがきをかけて！

　大学・大学院の研究室では「ものづくり」をしてきたともいえます。ものづくりの楽しさを知り、仕事でもたずさわりたいと考えました。時計や家電製品など、つくるものはいろいろありますが、大きくてかつ人がかならず目にするものをつくりたいと考え、自動車企業に志望先を絞りました。トヨタ自動車から内定を得られたのは正直びっくりしましたが、研究室の先生たちや学生たちが親身に協力してくれたからこそと感謝しています。

　私のような技術系の職業に就く女性は、増えてきているもののまだすくない状況です。女性が働いてあたりまえと思ってもらえるような、技術職のモデル的な存在になれたらいいなと思って仕事をしています。

　読者のみなさんには、中学生ぐらいのころ、すこしでも興味あることがあれば、それを大切にみがきをかけていってほしいと思います。そうしていると、新しいものが見えてきて、その先へその先へと進んでいくことができます。

データを確認し会議に参加

高校時代からの**人とのつながり**を**大切**にする

横浜市立横浜サイエンスフロンティア高等学校卒業

キリンホールディングス R&D 本部キリン中央研究所

小此木闘也さん

大学生になり薬剤師への道から研究者への道に舵を切る。そのとき大きな頼りになったのは、高校時代をともに過ごしてきた仲間の存在。

> ## 企業での研究は「お客さまの声」が大切

　横浜サイエンスフロンティア高等学校で過ごしていた3年間は、卒業後も続く「人とのつながり」を築くことができる期間でした。それは私の進路にとっても大きなものでした。

　私は、大学院の博士課程を修了し、大手飲料メーカーであるキリンホールディングスの研究者としてはたらいています。「βラクトリン」という機能性表示食品にかかわる

研究をしています。物質としての βラクトリンには、加齢にともなって低下する記憶力を維持することが報告されていますが、さらにどういう作用があるかを調べているのです。大学院まではインパクトの強い研究成果を出すことを重視していましたが、企業の研究所ではお客さまなど企業・製品にかかわる人たちの声を大切に聞きながら研究をしています。この点にちがいを感じますね。

アメリカへ、現地の人たちと心かよわせる

　中学生のころ、通っていた塾で「横浜に新しい学校ができる」といったことを知りました。横浜サイエンスフロンティア高等学校です。「おもしろそうだからぜひ入学したい」と第一志望にしました。合格して入学が決まったときはびっくりしましたが、うれしかったですね。学校の第2期生として入学しました。

　高校時代、やってよかったと思えたことが二つあります。

　一つは、「アメリカ西海岸ベイエリア研修」に参加したことです。校内で選抜されて海をわたり、私たちを迎えてくれた高校生など現地の人たちと心かよわせることができました。「サイエンスリテラシーⅡ」でおこなっていた研究を発表する機会もありました。研究テーマは、学校のすぐ近くを流れる鶴見川の水質調査。サンプルをもっていき

プレゼンテーションで示すなどの工夫をしたら、聞いてくれた現地の人たちからとてもよい反応をもらえました。「サイエンスは国境を越えるんだな」と感じ、うれしくなりました。

文化祭で知った、仲間それぞれの強み

　もう一つが、3年生のときの文化祭「蒼煌祭」で実行委員をしたことです。「割り箸で建てものをつくる」という企画をしました。9月で大学受験が近づいていたため、「みんなをモチベーション高くひっぱっていけるだろうか」と不安もありました。けれども、「物理・数学が好き」「強度の計算が得意」「手が器用」といった生徒それぞれの強みが発揮されて、「スカイツリー」を展示することができました。リーダー役の生徒が国際地学オリンピックに出場することになり、私にリーダー役が降りかかってきました。でもそれで気合いが入り、逆にしっかりまとめられた気がします。

　この文化祭では、いろいろな人の強みや特徴を見つけることができました。人と人のつながりの大切さを実感したこともあり、先輩の1期生や私たち2期生の手で同窓会「蒼煌会」をつくるに至りました。立ち上げや運営にたずさわれて、自分自身で卒業生のネットワークを広げること

ができました。

同級生の話を聞いて「研究者になろう」

　大学は、北里大学薬学部に入りました。高校時代の「サイエンスリテラシー」などで研究の全体像をもてたため、大学の講義などで得たその知識や情報がどのような位置づけのものかを整理することができました。

　薬学部では薬のことを学んでいましたが、化学の勉強についていくのが難しくなりました。一方、脳に対して「わからないことが多くあっておもしろそうだ」と感じていたので、脳などの体のしくみのほうに目を向けていきました。私のなかでこれは、「薬剤師になりたい」から「研究者になりたい」への切りかわりでした。

　このとき、とても頼りになったのが、東京大学などに進み研究を始めていた同級生からの実感のこもった話です。イメージを明確にできた、東京大学大学院の薬学系研究科に進むことにしました。仲間との交流を保ててよかったと思っています。いまも私は「蒼煌会後援委員会」を担っていて、下の代の後輩たちとの交流も深められています。

マウスを相手に「不安」について研究……博士に

　大学院では、マウスの脳波や心電図などの電気信号の情報を記録しながら、そのマウスを迷路に走らせます。とくに、高くて細い道で不安になっているときの、マウスの電気活動を全身で見ます。これまでの研究では、マウスがどう動いたかを見ることで不安のほどを測っていましたが、体からの信号も記録して測らないと不完全であるということを示せました。

　さらに、大学院の修士課程のあとに博士課程へ進みました。今度はマウスの体にある自律神経という神経の状態と、脳波、それに心電図を同時に測る技術を打ち立てたのです。これらの情報から、不安の状況が変わると対応のしかたが変わることを確かめることができました。論文にまとめて発表し、博士になることができました。

大学院の課程をすべて
修め、修了式！

いまの会社で、所属グループが
手がけた商品を手に

自分との対話も重ねて、人生を楽しんで

　研究者としてのキャリアを積んでいきたいと思っていた
なかで、「食」という視点から研究ができるいまの会社に
出合い、就職を果たしました。これからは、製品をお使い
になるお客さまの目線を保ちながら、研究成果や技術を提
供していければと考えています。

　読者のみなさんには、自分の気持ちに正直になって進路
選びなどをしてほしいと思います。横浜サイエンスフロン
ティア高等学校は理数科高校ですが、ここで得られる「サ
イエンスの力」は自然科学をやるためだけでなく、ものご
とを論理的に考えたり伝えたりするための力になります。
「身につけたこういうところは使えるのではないか」と自
分との対話も続けていくと、高校もその後の進路でも楽し
く過ごせるのではないかと思います。

自由さが、研究者に大切な
自主性と独創性をもたらす

埼玉県立大宮高等学校理数科卒業　東京
大学大学院農学生命科学研究科教授

齋藤継之さん

大学で、木からつくる新素材セルロース・ナノ・ファイバー（CNF）を開発。母校の高校で講演もし、「農学は持続可能性の考えそのもの」と伝える。

新しい繊維CNFを開発

　埼玉県立大宮高等学校（県立大宮）の理数科で3年間を過ごしました。いまもそうかもしれませんが、私がいた1990年代なかごろの県立大宮の理数科はとても自由でした。自由ななかで過ごしたことが、その後の私の研究者としての歩みに大きく影響したと思っています。

　いま私は東京大学大学院の農学生命研究科で、木材の性質について研究し、「セルロース・ナノ・ファイバー

（CNF）」という材料を開発しています。

　CNFは、木のセルロースというものを、10ナノメートルぐらい、つまり1ミリメートルの10万分の1ぐらいのレベルまで細くした繊維です。このCNFを加工するとプラスチックのようになりますが、鋼鉄よりうんと軽く、しかもうんと丈夫になります。自動車部品や家電製品、電子部品などにCNFは使われだしています。いまは、企業のみなさんにより使ってもらえるよう、繊維の断片がどのような形をしていて、分子の大きさがどのくらいでといったCNFのくわしい姿を調べようとしているところです。

自由な校風のなかで青春を謳歌

　中学生や高校生のころ、過去のことを知っていまに活かす歴史が好きでした。ですので、とくに理数科に向いていた気はあまりしません。とはいえ、自然のことわりを理解するという理科の理念も好きでした。それで理数科をめざし入学したのかもしれません。

　理数科での3年間はほんとうに楽しい日々でした。理数科は1クラスのみなのでずっとおなじクラスメート、おなじ担任でした。文化祭でも普通科クラスは仲よいグループで分かれていましたが、理数科クラスはワンチーム。それが結束力を生んだと思います。

担任で数学を教えてくださった稲垣健一先生は、細かいことを言わず、私たち生徒の自主性に任せてくれた先生でした。「〇〇しなければならない」「〇〇しなさい」といった指導がなく、部活動にしても文化祭にしても生徒のやりたいようにやらせてくださいました。

「生理的に好き」な木材を研究

もともと木材というものが好きでした。小学生の卒業文集に「将来、僕は大工さんになる」と書いていたくらいです。高校での部活動は軽音学部でしたが、木製の楽器にふれるたびに木の温もりを感じていました。

そうしたことから、進学した東京大学では、農学部の生物環境科学課程に進み、木の建てものを建築するための勉強をしました。そのなかで、化学の特徴にすごくひかれたのです。化学には「ものを変えられる」力がある、と。木材を原料とした紙パルプを化学の力で破れないように強くするための研究に取り組みだしたのです。

なぜ木材が好きかと聞かれれば、それはもう「生理的に好きだから」と答えるしかありません。つまり、理由を考えるまでもなく好きなのです。そんな好きな木材にかかわる研究を進めることができたのは、とてもよかったなと思っています。

20代にしてCNF実用化への大成果を上げる

　木材を原料とした紙パルプから破れない紙をつくろうと研究するなかで、「パルプがほどけていったらおもしろいな。そうすることでナノファイバーの開発に転換できるかもしれない」と考え、CNFの研究へとシフトしていきました。

　大学院の博士課程のとき、フランスに留学をしていました。ある日いっしょにコーヒーを飲んでいた留学先の先生から、超音波を使ってべつの材料をほぐす方法があると聞

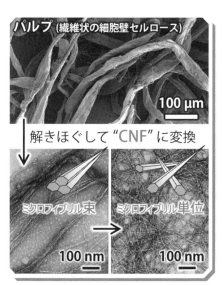

CNFの見た目とつくり方

き、「僕_{ぼく}のやっている紙パルプにも使えるのではないか」

き、「僕のやっている紙パルプにも使えるのではないか」と考えやってみたのです。すると思い通りに、パルプが細い繊維_{せんい}にほどけていきました。日本の研究室の磯貝明先生_{いそがいあきら}に興奮気味に、「パルプが水に溶_とけました！」と電話をしました。これが私たちの方法でCNFをつくる技術を確立する大きな前進となりました。

　20代で大きな成果をあげることができ、博士_{はくし}となり、大学の研究者への道が開けました。けれども30代に入り、過去の業績にしがみついていてはならないと焦_{あせ}りを感じ始めます。より広い視野で、自分の個性はどこにあるのだともがいていました。今度はスウェーデンに留学し、研究の深みや広がりを学びとる機会になりました。いまの先端的_{せんたん}な研究は、異なる国、異なる分野の人たちが連携_{れんけい}するのがあたりまえになっています。留学をして広くものごとを考えられるようになったと思います。

研究に大切な自主性と創造性を養えた

　研究者にとって、みずからやってみようとする自主性や、みずからの考えでつくろうとする独創性は大切な資質です。自主性がなければ上の人に言われたことだけをこなす研究者になってしまいますからね。それに、独創性は発見やイノベーションを起こすもとになります。

　私がこれらの自主性や独創性を伸ばすことができたのは、県立大宮の理数科で、なにに も縛られることなく、自由に考え、やりたいことをすることができたからです。

　理数科での学びはまた、ぼんやりしていた「理科の理念が好き」という気持ちをはっきりさせるものでもありました。理科のさまざまな公式を習うことで、自然を記述して理解することができるのだと自分のなかで明確になりました。

得意でなくても好きなら理数科へ

　読者のみなさん。あなたが理科好きであれば、ぜひおそれずに、高校では理数科への進学をめざしてください。たとえ理科が得意でなくても、私のように生理的・感覚的に好きであれば、理数科で過ごすなかで力は伸びていくと思います。なぜなら、理数科では理科や数学の授業数が多いし、教員も充実していますからね。好きでありさえすれば、あなたの理数の力を伸ばしてくれるカリキュラムが理数科に用意されています。

　高校生活の3年間というのは、長い人生を考えてみたらかぎられた時間といえます。この3年間で人生のすべてが決まるわけではありません。「自分の興味を伸ばすのに使う」という感覚で、理数科で過ごすのもよいことだと思います。

5章

理数科高校をめざす！

地域で理数科

を学べる学校を探そう

全国に180校ほど、あなたの家の近くには

　日本には理数科のある高校が180校ほどあります。それぞれの都道府県に最低でも1校以上、理数科のある高校があります。「理数科」という学科名にしていない高校もあるので、すこしわかりづらいかもしれませんが。たいていの中学生は、その都道府県内にある理数科高校を受験し、合格したら高校生として通うことができると考えてよいでしょう。

　ただし、都道府県や時期によっては、県内で女子高校や男子高校のみが理数科を置いているにすぎないといったこともあります。「行きたいなと考えている理数科高校の学区内に自宅が含まれるのか」とか、「となりの県にある理数科高校に通うことができるのか」とか、通学にかかわる心配ごとがあるかもしれません。そのときは、その学校に問いあわせをし、「○○県○○市に住んでいますが、理数科に通学できますか」と聞いてみるとよいでしょう。

　もし、あなたの住んでいるところでは、理数科に入学するのが難しそうというときは、全国に200校以上あるスーパー・サイエンス・ハイスクールへの進学を考えるのも手かもしれません。理数科での理数探究に近いことを「探究」と名のつく授業で取り組めることが期待できます。

私立高校にも理数科あり

　理数科のある高校の多くは、都道府県立や市立などの公立高校です。

　一方、数は多くありませんが、理数科を置いている私立高校もあります。インタビュー記事にある日本大学豊山女子高等学校もそのひとつ。私立高校には基本的に学区はないので、都道府県をまたいでの受験や通学ももちろんできます。

　学校によっては、「保護者との同居が必要です」として、生徒のみで寮などで生活することをお断りしているところもあります。私立高校の理数科への通学についても、くわしいことを知りたいときは直接、学校に問いあわせてみるのが確実です。

　理数科に進むことに興味を抱いている人は、ぜひインターネットなどで最新情報をチェックしてください。

どんな人が 向いている？

理科・数学が好きな人はぜひとも

　ここまでお話ししてきたように、理科や数学がおおいに好きだという人にとって、理数科は楽園とよぶにふさわしい学びの場になります。なぜなら、理科や数学の授業をたくさん受けることができ、おなじように興味をもっているクラスメートとつねに理系の話題でコミュニケーションをとることができるからです。

　理科と数学のどちらかは好きだけれど、どちらかは好きでないとか、理科・数学のなかで1科目や2科目だけ好きでない科目があるという人は、好きでない教科・科目への向きあい方が大切になります。すこしでも積極的になれるよう、まず「なぜ、自分はその教科・科目が好きでないのか」をつきつめてみるとよいでしょう。そして、その理由をなくしたり軽くしたりできるかを考えます。たとえば、「自分が生物が好きでないのは暗記することが多いから」とわかったら、「できるだけ暗記をしないで内容を覚えら

れる方法」を考えるのです。友だちや先生に聞いてもいい
かもしれません。いまの中学校での勉強で、その方法を試
してみて、「好きでない」程度が軽くなるかを確かめると
よいでしょう。

　それでも「どうしても受けつけない」ということであれ
ば、好きな理科・数学の教科・科目と、好きでない理科・
数学の教科・科目を天秤にかけてみるとよいでしょう。
「好きのほうがトータルで上まわりそう」となったら理数
科をめざしたらよいと思います。

研究者になりたい人も向いている

　研究者になりたいという人も向いています。理数探究で、
研究のひと通りを1周か2周、経験できるからです。

　めざすのが理系の研究者であればなおさら向いています
が、理系以外の研究者であっても理数科に行くことを検討
してみる価値はあります。たとえば「経済学研究の方法」
と検索するなどしてその内容を調べてみます。研究者にな
りたい分野の研究のしかたが、「課題解決の方法を考え、
分析や考察や推論をおこなう」かたちのものであれば、理
数探究で取り組む研究の型と基本的におなじです。よって、
大学生の後半で取り組む卒業研究を、あらかじめ体験して
おけることになります。

　あなたのめざしている分野での研究のしかたが、理数探
究での研究の進め方とあまりにかけ離れていそうだったら、
すこし考えたほうがよいかもしれません。それでも「理科

や数学が好き」という人は理数科をめざしたらよいでしょう。また、「まだ、どんな分野やテーマかはわからないけれど将来も研究をしたい」という人は、理数探究でおこなう研究のしかたは代表的なもののひとつなので、向いているといえます。

ものづくりの分野をめざす人には選択肢が

理系のものづくりの分野で将来、仕事をしたいという人も理数科は向いている進路先のひとつといえます。技術者（104ページ）、それに新たな製品や技術を研究して役立てることをめざす工学者などの仕事では、理系の知識をもとにするし、課題を解決しようとする場面も多いので、理数科で経験する学びが活かされます。

ただし、ものづくりの分野で活躍したいという人に関係する進路先として、理数科のほかに科学技術科、工業科、それに工業高等専門学校もあるので、理数科は選択肢の一つという感じです。

すこしだけ、ほかの進路先の学びの特徴を伝えるので、さらにくわしく知りたい人はインターネットで検索するなどして調べてください。

科学技術科。ものづくりや製品・技術のデザインの知識や技術を身につける座学・実習がある。授業で課題研究にも取り組む。進学にも力を入れている。科のなかにさらに、応用科学分野、情報システム分野、機械システム分野、電気電子分野、建築デザイン分野のようにコースが分かれて

いる学校も。

　工業科。作業や実技の授業が多い。機械、電気、建築、自動車などのより細かい学科に分かれる。卒業後、大学などへの進学より、就職をする人が多い。

　高等専門学校（高専）。国立の学校。高校とおなじく中学卒業者などが入学するが、卒業までは5年間で、卒業後、大学3年生に編入する人も。ひきつづき高専で2年間の専攻科にも進むこともできる。高専のほとんどを占める工業高専には、機械・材料系、電気・電子系、情報系、化学・生物系、建設・建築系、複合系などの学科がある。

せまき門だけれど、それはみなおなじ

　100人の高校生がいたら、理数科の生徒は公立高校では、およそ1人といった割合です。私立高校での理数科はすくないので、私立を合わせるともっとすくなくなるでしょう。

　理数科の生徒になるには、もちろん受験が必要なので、せまき門といえます。けれども、だれもが志望し、入学に向けて努力することができます。

おわりに

　なぜ、理数科があるのでしょう。

　日本の高校に理数科が誕生したのは1968（昭和43）年のこと。この本で登場した千葉県立船橋高等学校や、日本大学豊山女子高等学校にも、かなり古い理数科の歴史がありましたよね。

　1960年代中ごろは、あなたのおじいちゃんやおばあちゃんの世代にあたる日本の人たちが、みんな「いけいけどんどん」と勢いよく仕事をがんばっていました。その結果、高度成長とよばれる、国の力の伸びが続いたのです。
　日本の人たちはそのころすでに、外国から輸入するなどで得た材料を加工して製品をつくることが得意でした。国は日本の人たちのその得意技を、もっと伸ばそうとしました。
　そのためには、理科や数学などの理数分野が得意な若い人を増やすべきだという考えになったのです。そこで、国が「1968（昭和43）年度から高校に、理数科を設けていいですよ」と言いはじめました。公立高校を設置する都道府県・市などの教育委員会や、私立学校を設置する学校法人がこれに応じて、高校に理数科を設けていったのです。

　それから50年以上が経ったいまも、こうした国のねらいは基本的に変わっていません。理科や数学が好きな高校生に理数科でどんどん理系の力をつけてもらい、そして将来、理系の分野で活躍してもらいたいと

期待しているわけです。そうすれば、日本の科学や技術の力がついて、国の力が伸び続けそうですからね。

　でも、そうした国の期待よりも、大切なことがあります。

　あなたが理数科を「楽園」だと感じて、「幸せな３年間だったなぁ」とふり返れるかどうか。こっちのほうがだんぜん大切です。国の力が伸びるかといったことは、あなたたちが「好き」と思えることで活躍して、がんばった結果ついてくるものにすぎませんからね。

「毎日のようにある理科や数学の授業が、楽しみで楽しみで！」
「取り組んでいる研究がどうなっていくか、ワクワクしかない！」
「友だちと部活動や行事に夢中で、お腹ぺこぺこ、夜ぐっすり！」

　理数科をめざして入れたあなたにも、ほかの進路に進むことになったあなたにも、こんな高校での充実した３年間を送れますように。

　最後になりますが、取材にご協力いただいた千葉県立船橋高等学校、日本大学豊山女子高等学校、横浜市立横浜サイエンスフロンティア高等学校、埼玉県立大宮高等学校のみなさんにお礼を申しあげます。

[著者紹介]

●漆原次郎（うるしはら じろう）

フリーランス記者。出版社で8年にわたり理工書を編集したあと、フリーランス記者に。科学誌や経済誌などに科学・技術などの分野を中心とする記事を寄稿している。早稲田大学大学院科学技術ジャーナリスト養成プログラム修了。著書に『宇宙飛行士になるには』『大学学部調べ 工学部』、共著書に『教科と仕事 数学の時間』（いずれもぺりかん社）など。

なるにはBOOKS 高校調べ

理数科高校──中学生のキミと学校調べ

2024年1月25日　初版第1刷発行

著　者　漆原次郎
発行者　廣嶋武人
発行所　株式会社ぺりかん社
　　　　〒113-0033　東京都文京区本郷1-28-36
　　　　TEL　03-3814-8515（営業）
　　　　　　　03-3814-8732（編集）
　　　　http://www.perikansha.co.jp/
印刷・製本所　株式会社太平印刷社

「なるにはBOOKS」は株式会社ぺりかん社の登録商標です。

＊「なるにはBOOKS」シリーズは重版の際、最新の情報をもとに、データを更新しています。

【なるにはBOOKS】

税別価格 1170円〜1700円

① パイロット
② 客室乗務員
③ ファッションデザイナー
④ 冒険家
⑤ 美容師・理容師
⑥ アナウンサー
⑦ マンガ家
⑧ 船長・機関長
⑨ 映画監督
⑩ 通訳者・通訳ガイド
⑪ グラフィックデザイナー
⑫ 医師
⑬ 看護師
⑭ 料理人
⑮ 俳優
⑯ 保育士
⑰ ジャーナリスト
⑱ エンジニア
⑲ 司書
⑳ 国家公務員
㉑ 弁護士
㉒ 工芸家
㉓ 外交官
㉔ コンピュータ技術者
㉕ 自動車整備士
㉖ 鉄道員
㉗ 学術研究者（人文・社会科学系）
㉘ 公認会計士
㉙ 小学校教諭
㉚ 音楽家
㉛ フォトグラファー
㉜ 建築技術者
㉝ 作家
㉞ 管理栄養士・栄養士
㉟ 販売員・ファッションアドバイザー
㊱ 政治家
㊲ 環境専門家
㊳ 印刷技術者
㊴ 美術家
㊵ 弁理士
㊶ 編集者
㊷ 陶芸家
㊸ 秘書
㊹ 商社マン
㊺ 漁師
㊻ 農業者
㊼ 歯科衛生士・歯科技工士
㊽ 警察官
㊾ 伝統芸能家
㊿ 鍼灸師・マッサージ師
(51) 青年海外協力隊員
(52) 広告マン
(53) 声優
(54) スタイリスト
(55) 不動産鑑定士・宅地建物取引士
(56) 幼稚園教諭
(57) ツアーコンダクター
(58) 薬剤師
(59) インテリアコーディネーター
(60) スポーツインストラクター
(61) 社会福祉士・精神保健福祉士
(62) 中小企業診断士
(63) 社会保険労務士
(64) 旅行業務取扱管理者
(65) 地方公務員
(66) 特別支援学校教諭
(67) 理学療法士
(68) 獣医師
(69) インダストリアルデザイナー
(70) グリーンコーディネーター
(71) 映像技術者
(72) 棋士
(73) 自然保護レンジャー
(74) 力士
(75) 宗教家
(76) CGクリエータ
(77) サイエンティスト
(78) イベントプロデューサー
(79) パン屋さん
(80) 翻訳家
(81) 臨床心理士
(82) モデル
(83) 国際公務員
(84) 日本語教師
(85) 落語家
(86) 歯科医師
(87) ホテルマン
(88) 消防官
(89) 中学校・高校教師
(90) 動物看護師
(91) ドッグトレーナー・犬の訓練士
(92) 動物園飼育員・水族館飼育員
(93) フードコーディネーター
(94) シナリオライター・放送作家
(95) ソムリエ・バーテンダー
(96) お笑いタレント
(97) 作業療法士
(98) 通関士
(99) 杜氏
(100) 介護福祉士
(101) ゲームクリエータ
(102) マルチメディアクリエータ
(103) ウェブクリエータ
(104) 花屋さん
(105) 保健師・養護教諭
(106) 税理士
(107) 司法書士
(108) 行政書士
(109) 宇宙飛行士
(110) 学芸員
(111) アニメクリエータ
(112) 臨床検査技師
(113) 言語聴覚士
(114) 自衛官
(115) ダンサー
(116) ジョッキー・調教師
(117) プロゴルファー
(118) カフェオーナー・カフェスタッフ・バリスタ
(119) イラストレーター
(120) プロサッカー選手
(121) 海上保安官
(122) 競輪選手
(123) 建築家
(124) おもちゃクリエータ
(125) 音響技術者
(126) ロボット技術者
(127) ブライダルコーディネーター
(128) ミュージシャン
(129) ケアマネジャー
(130) 検察官
(131) レーシングドライバー
(132) 裁判官
(133) プロ野球選手
(134) パティシエ
(135) ライター
(136) トリマー
(137) ネイリスト
(138) 社会起業家
(139) 絵本作家
(140) 銀行員
(141) 警備員・セキュリティスタッフ
(142) 観光ガイド
(143) 理系学術研究者
(144) 気象予報士・予報官
(145) ビルメンテナンススタッフ
(146) 義肢装具士
(147) 助産師
(148) グランドスタッフ
(149) 診療放射線技師
(150) 視能訓練士
(151) バイオ技術者・研究者
(152) 救急救命士
(153) 臨床工学技士
(154) 講談師・浪曲師
(155) AIエンジニア
(156) アプリケーションエンジニア
(157) 土木技術者
(158) 化学技術者・研究者
(159) 航空宇宙エンジニア
(160) 医療事務スタッフ
(161) 航空整備士
(162) 特殊効果技術者
補巻24 福祉業界で働く
補巻25 教育業界で働く
補巻26 ゲーム業界で働く
補巻27 アニメ業界で働く
補巻28 港で働く
別巻 レポート・論文作成ガイド
別巻 中高生からの防犯
別巻 会社で働く
別巻 中高生の防災ブック
高校調べ 総合学科高校
高校調べ 農業科高校
高校調べ 商業科高校
高校調べ 理数科高校
教科と仕事 英語の時間
教科と仕事 国語の時間
教科と仕事 数学の時間
学部調べ 理学部・理工学部
学部調べ 工学部
学部調べ 環境学部
学部調べ 情報学部
—— 以降続刊 ——

※一部品切・改訂中です。 2023.12.